LA MIJOTEUSE
FACILE

LA MIJOTEUSE
FACILE

PLUS DE 70 DÉLICIEUSES RECETTES FACILES

SARA LEWIS

Copyright © 2006 Octopus Publishing Limited
Titre original anglais : Slowcooker easy
Copyright © 2010 Éditions AdA Inc. pour la traduction française
Cette publication est publiée en accord avec Octopus Publishing Limited
Tous droits réservés. Aucune partie de ce livre ne peut être reproduite sous quelque forme que ce soit sans la permission écrite de l'éditeur, sauf dans le cas d'une critique littéraire.

Éditeur : François Doucet
Traduction : Lorraine Gagné
Révision linguistique : Féminin Pluriel
Correction d'épreuves : Nancy Coulombe, Carine Paradis
Mise en pages : Sylvie Valois
Montage de la couverture : Sylvie Valois

ISBN 978-2-89667-129-8
Première impression : 2010
Dépôt légal : 2010
Bibliothèque et Archives nationales du Québec
Bibliothèque Nationale du Canada

Éditions AdA Inc.
1385, boul. Lionel-Boulet
Varennes, Québec, Canada, J3X 1P7
Téléphone : 450-929-0296
Télécopieur : 450-929-0220
www.ada-inc.com
info@ada-inc.com

Diffusion
Canada :   Éditions AdA Inc.
France :   D.G. Diffusion
                Z.I. des Bogues
                31750 Escalquens — France
                Téléphone : 05-61-00-09-99
Suisse :   Transat — 23.42.77.40
Belgique :   D.G. Diffusion — 05-61-00-09-99

Imprimé en Chine

Participation de la SODEC.

Nous reconnaissons l'aide financière du gouvernement du Canada par l'entremise du Programme d'aide au développement de l'industrie de l'édition (PADIÉ) pour nos activités d'édition.
Gouvernement du Québec — Programme de crédit d'impôt pour l'édition de livres — Gestion SODEC.

Notes

Quelques-unes des recettes comprises dans ce livre contiennent des noix et des dérivés de noix. Quiconque souffrant d'allergies à cet effet devrait éviter ces recettes. Cela est aussi valable pour les gens souffrant d'intolérance aux noix et leurs dérivés, ainsi que pour ceux qui devraient éviter les mets comprenant des noix ou des huiles de noix. Il serait aussi prudent de bien lire les étiquettes des produits préfabriqués afin de déceler toute présence de noix et ses dérivés.

Assurez-vous de lire le manuel de votre mijoteuse avant de l'utiliser et préchauffez-la lorsque les directives du fabricant le mentionnent. Parce que les mijoteuses varient d'un fabricant à l'autre, assurez-vous de comparer le temps de cuisson des recettes avec la charte de temps de cuisson du fabricant de votre mijoteuse (en considérant les aliments à cuire).

Toutes les recettes de ce livre ont été testées dans une mijoteuse d'une capacité totale de 2,5 l (4 chopines) et d'un volume utilisable de 3,5 l (6 chopines).

Table des matières

Introduction

Nous voulons tous manger sainement, mais parfois, ça nous semble impossible. Le stress d'être responsable du bon fonctionnement d'une maison et, probablement, de travailler à l'extérieur fait que passer du temps dans la cuisine est certainement la dernière chose que vous voulez faire à votre retour du travail. Un retour à la cuisine maison, tout en laissant les repas congelés, froids et sans valeur nutritive, sur les étagères du supermarché, semble s'effacer devant l'expérience. Mais la cuisine maison ne veut pas nécessairement dire de passer des heures à trimer. Seulement 15 à 20 minutes est tout le temps qu'il faut pour préparer un délicieux repas, qui peut mijoter pendant 8 à 10 heures alors que vous faites autre chose.

Une mijoteuse est idéale pour une famille, car un dîner chaud et délicieux peut être préparé le matin, après que les enfants soient partis pour l'école, et prêt en fin d'après-midi ou en début de soirée, alors que vous et les enfants êtes très fatigués. Si vous travaillez en dehors des heures normales ou que vous faites les «trois-huit», vous pouvez préparer un repas avant d'aller au travail, de façon à ce qu'il soit prêt lorsque le reste de la famille arrivera à la maison. Les retraités peuvent faire des activités plus intéressantes, toute la journée, pendant que leur dîner est en train de cuire.

Pourquoi une cuisson lente ?

Les aliments qui cuisent lentement sont remplis de saveur. Lorsque les fours à micro-ondes sont devenus accessibles à tous, ils ont été perçus comme une réponse à nos vies actives. Mais la réalité est que les aliments cuits au four à micro-ondes sont souvent sans goût et incolores, et maintenant, la plupart d'entre nous n'utilisent le four à micro-ondes que pour faire décongeler ou réchauffer les aliments.

Lorsqu'une mijoteuse est mise en marche, les aliments peuvent être laissés à mijoter doucement, et sans aucune surveillance. Puisque la cuisson est tellement lente, il n'y a aucun danger que les aliments sèchent, renversent ou brûlent dans le fond du récipient.

Aliments du monde

Les recettes de ce livre ont été inspirées par les aliments du monde, et elles contiennent des mélanges doux d'épices de l'Extrême-Orient, de l'Inde, du Maroc et de la Méditerranée, ainsi que les ingrédients allant du pesto, de la pâte tamarin et de la harissa aux aromates, comme l'anis étoilé, le fenouil, le cumin et la coriandre, de même que vos agents aromatisants favoris, comme l'ail, le vin et les fines herbes fraîches.

Il y a quelque chose pour chacun, d'un bol de soupe fumante aux nouveaux plats favoris de la famille, comme le Ragoût marocain aux sept légumes (voir page 73), la Carbonade de dinde avec carrés de polenta (voir page 92) et le Pâté estival de légumes (voir page 93). Pour des réceptions plus simples, pourquoi ne pas essayer la Venaison au poivre avec scones au gorgonzola (voir page 98), le Rôti de pintade braisée avec

Faites frire les aliments, avant de préparer une casserole ou un ragoût, pour augmenter les saveurs, et ajoutez toujours du bouillon bouillant.

sauce mexicaine verte (voir page 90) ou le Tiganito au feta (voir page 102) ? Et pour terminer, il est difficile de battre le Pouding aux pommes avec caramel anglais (voir page 108) ou les Petits poudings éponge au café avec liqueur de café (voir page 133), avec un centre fondant au chocolat. Pendant l'été, vous pouvez offrir de la Compote de nectarines avec mascarpone à l'orange (voir page 119).

Pas que pour les ragoûts

Une mijoteuse est, naturellement, parfaite pour faire des casseroles de viande ou de légumes, cuites lentement, mais elle peut également être utilisée pour faire cuire des poudings à la vapeur. La bassine peut être déposée directement dans le récipient de la mijoteuse – pas besoin de trépied –, et vous ajoutez de l'eau bouillante dans le récipient, jusqu'à la moitié de la bassine. Parce qu'il n'y a pas d'évaporation, vous n'aurez pas besoin de vous souvenir d'ajouter de l'eau, ou lorsque vous y retournerez, vous n'aurez pas la mauvaise surprise de voir que l'eau s'est évaporée.

Lorsque vous ajoutez de l'eau dans le récipient, la mijoteuse peut être utilisée comme bain-marie ou bain d'eau, pour faire cuire les crèmes anglaises, les pâtés ou les terrines. Vous pouvez aussi verser des mélanges de jus de fruits ou d'alcool dans le récipient et les faire chauffer pour préparer des punchs chauds ou des grogs, qui peuvent être servis directement du récipient de la mijoteuse, au besoin.

Le récipient de la mijoteuse peut également être utilisé pour les fondues au chocolat ou au fromage, les conserves, comme les crèmes au citron ou de simples chutneys, et même pour faire bouillir des os ou des carcasses de poulet pour en faire du bouillon.

Économie d'argent

Les mijoteuses utilisent environ la même quantité d'électricité qu'une ampoule électrique, alors elles sont économiques à utiliser. De plus, la cuisson lente transforme même les coupes les plus dures et les plus économiques en morceaux

Vous pouvez faire beaucoup plus qu'une casserole, dans une mijoteuse. Vous pouvez également l'utiliser comme bain de vapeur ou bain d'eau.

qui fondent dans la bouche, et la viande se détache littéralement des os. Les haricots secs, les lentilles et les pois cassés bon marché cuisent avec perfection dans des sauces épicées ou aux tomates. Souvenez-vous de faire tremper les haricots et les pois, et faites-les bouillir tout d'abord.

Les étudiants qui partagent leur logement ou les jeunes couples qui font face à une hypothèque élevée trouveront que les mijoteuses sont indispensables pour s'en tenir à un budget strict en ce qui a trait à la nourriture. De plus, les mijoteuses ne nuisent pas à l'environnement. Pourquoi utiliser le four pour un plat seulement, alors que vous pouvez économiser de l'énergie en utilisant une mijoteuse ?

Comment démarrer

Choisissez une mijoteuse de taille régulière, ovale ou ronde, si vous préparez des repas pour une famille de quatre.

Rien n'est plus facile que d'utiliser une mijoteuse, mais si vous pensez en acheter une pour la première fois, il y a quelques conseils à considérer.

Quelle taille de mijoteuse acheter?

On mesure les mijoteuses par leur capacité totale, et elles existent en trois tailles. Normalement, la taille est indiquée sur la boîte, avec le volume utilisable ou l'espace maximal pour les aliments :

• Pour deux personnes : une petite mijoteuse ovale avec une capacité totale de 1,5 l (2½ chopines) et un volume utilisable de 1 l (1¾ chopine).

• Pour quatre personnes : une mijoteuse ronde, ou une mijoteuse ovale plus polyvalente, avec une capacité totale de 3,5 l (6 chopines) et un volume utilisable de 2,5 l (4 chopines).

• Pour six personnes : une grande mijoteuse ovale avec une capacité totale de 5 l (8¾ chopines) et un volume utilisable de 4 l (7 chopines), ou une mijoteuse ronde très grande avec une capacité totale de 6,5 l (11½ chopines) et un volume utilisable de 4,5 l (8 chopines).

Il est surprenant de constater que les mijoteuses très grandes ne coûtent qu'un peu plus cher que celles de taille régulière, et il est facile de penser que les mijoteuses plus grandes vous en offrent plus pour votre argent. À moins que vous ayez une grande famille, ou que vous aimiez faire cuire de grandes quantités pour un repas et qu'il vous en reste pour faire congeler, vous trouverez probablement qu'elles sont trop grandes pour vos besoins de tous les jours.

La meilleure mijoteuse et la plus polyvalente est l'ovale, qui est idéale pour faire cuire un poulet entier, assez grande pour une bassine à pouding ou pour quatre moules individuels à pouding, et assez grande pour préparer six portions de soupe.

Préchauffer la mijoteuse

Il est important de lire le manuel d'instructions fourni avec votre mijoteuse, avant de vous en servir. Certains fabricants recommandent de préchauffer la mijoteuse à l'allure « Maximale » pendant au moins 20 minutes avant d'y déposer les aliments. D'autres, par contre, recommandent de faire chauffer la mijoteuse seulement après qu'elle soit remplie d'aliments.

Remplir la mijoteuse jusqu'à quel niveau?

Le récipient de la mijoteuse ne doit être utilisé que lorsqu'il contient du liquide, et, idéalement, il doit être au moins à moitié plein. Ayez comme cible la ligne du niveau des trois quarts, ou, si vous préparez des soupes, assurez-vous que le liquide n'est pas plus haut que 2,5 cm (1 po) du bord.

Vous devez remplir à demi une mijoteuse, lorsque vous faites cuire de la viande, du poisson ou des légumes, mais un rôti de viande ne doit pas utiliser plus des deux tiers de l'espace. Si vous utilisez une bassine à pouding, vous devez vous assurer qu'il y a 2 cm (¾ po) d'espace tout autour, ou si vous utilisez une mijoteuse ovale, il doit y avoir 1 cm (½ po) d'espace au point le plus étroit.

Réglage de chaleur

Toutes les mijoteuses ont des réglages de chaleur d'allure « Maximale », « Minimale », « Arrêt », et certains modèles ont des réglages à l'allure « Moyenne », « Chaude » et « Auto ». L'allure « Maximale » prend généralement la moitié du temps de cuisson de l'allure « Minimale », lorsque vous faites cuire une casserole de viande en cubes ou des légumes. Ce réglage peut être utile si vous planifiez déjeuner ou si vous avez été retardé pour la préparation d'une casserole. Les deux réglages atteindront une température juste en dessous de 100 °C (212 °F), ce qui est le point d'ébullition pendant la cuisson, et cette température est atteinte plus rapidement lors du réglage à l'allure « Maximale ».

Une combinaison de différents réglages peut être utile et elle est recommandée par certains fabricants, au début de la cuisson. Si votre mijoteuse est bien remplie, faites cuire à l'allure « Maximale » pendant 30 minutes au début de la cuisson afin d'élever la température de la casserole rapidement, puis réglez-la à l'allure « Minimale » pour le reste de la cuisson. Ce réglage peut être fait automatiquement si votre mijoteuse a un réglage « Auto », lorsque la mijoteuse réduit automatiquement la température à l'aide d'un thermostat. Ceci est très pratique lorsque vous devez partir rapidement pour le travail.

Alternativement, augmenter la température de l'allure « Minimale » à l'allure « Maximale » peut être utile si vous voulez épaissir une casserole à la fin de la cuisson avec de la fécule des maïs, si vous voulez ajouter plus de légumes verts, ou réchauffer des soupes que vous avez déjà réduites en purée et que vous retournez dans le récipient.

L'allure « Chaude » convient lorsque le temps de cuisson a été atteint et que vous voulez garder les aliments chauds, ce qui est très utile si vos invités sont en retard. Cette allure n'est pas essentielle, car l'allure « Minimale » n'endommagera pas les aliments, à moins qu'ils soient à base de riz.

Quels aliments, et à quel réglage ?

« Minimale »

• Casseroles de viande en cubes ou de légumes
• Côtelettes ou morceaux de poulet
• Soupes
• Flans
• Plats de riz
• Plats de poisson

« Maximale »

• Poudings sucrés ou salés, ou des plats sucrés contenant un agent levant (farine à levure ou levure chimique)
• Pâtés ou terrines
• Poulets entiers, faisans ou pintades, jambon salé fumé ou demi-épaule d'agneau

Temps de cuisson

Toutes les recettes de ce livre contiennent un laps de temps de cuisson, ce qui veut dire que le plat sera tendre et prêt à manger au temps indiqué le plus bas, mais qu'on peut le laisser, sans qu'il se gâte, une heure ou deux de plus. Alors, vous n'avez pas à vous en faire si vous êtes retardé au travail, pris dans un embouteillage ou débordé par un projet de bricolage.

Si vous voulez augmenter ou diminuer le temps de cuisson pour les casseroles de viande en cubes ou de légumes afin qu'elles s'adaptent mieux à votre emploi du temps personnel, ajustez les réglages des températures et de temps comme suggéré ci-dessous :

Allure « Minimale »	Allure « Moyenne »	Allure « Maximale »
6 à 8 heures	4 à 6 heures	3 à 4 heures
8 à 10 heures	6 à 8 heures	5 à 6 heures
10 à 12 heures	8 à 10 heures	7 à 8 heures

Note : Ces réglages proviennent du manuel d'instructions de la mijoteuse Morphy Richards. Ne changez pas les réglages et le temps de cuisson pour le poisson, les rôtis entiers ou les plats qui contiennent des produits laitiers.

Utilisation de la mijoteuse pour la première fois

Avant de commencer à utiliser la mijoteuse, déposez-la sur une surface de travail, loin de tout, et assurez-vous que le fil est à l'arrière de la mijoteuse, et non à l'avant, près de la plaque chauffante.

L'extérieur de la mijoteuse devient chaud, alors avertissez les membres de votre famille et utilisez des gants de cuisinier pour lever le récipient hors de la mijoteuse. Retirez, avec précaution, le récipient hors de la mijoteuse et déposez-le sur un dessous de plat à l'épreuve de la chaleur, sur une table ou sur la surface de travail.

Si le couvercle de la mijoteuse est muni d'une ouverture pour la vapeur, assurez-vous de ne pas la déposer sous une armoire de cuisine qui serait sous le niveau des yeux, ou quelqu'un risque de se brûler en allant dans l'armoire.

Préparation des aliments pour la mijoteuse

Viande

Les casseroles ou les ragoûts de viande sont un choix évident pour la mijoteuse. Il n'y a pas de danger que les aliments sèchent, et la longue durée de cuisson rendra la viande délicieusement tendre. Afin d'avoir une cuisson uniforme, assurez-vous que les morceaux de viande sont de la même taille, et pressez-les sous le niveau du liquide avant que la cuisson commence.

Vous pouvez faire cuire un poulet entier, une pintade ou un faisan, et même un jambon ou une demi-épaule d'agneau, dans une mijoteuse ovale, mais ils doivent être cuits à l'allure « Maximale » seulement, contrairement à la viande en cubes ou à des petits morceaux de cuisse ou de pilon de poulet, qui peuvent être cuits à « Maximale », « Moyenne » ou « Minimale ».

Poisson

Le poisson peut être cuit dans une mijoteuse : coupé en petits morceaux et cuit dans une riche sauce aux tomates ou aux légumes, ou poché en gros morceaux, comme un filet de saumon de 500 g (1 lb) dans un mélange de vin et de bouillon. La cuisson lente et douce empêchera le poisson de se briser ou de trop cuire. Assurez-vous que le poisson soit complètement recouvert de liquide, pour une cuisson uniforme.

N'ajoutez pas de fruits de mer avant les 15 dernières minutes du temps de cuisson, et assurez-vous que la mijoteuse soit réglée à l'allure « Maximale ». Si vous utilisez du poisson congelé, assurez-vous qu'il soit décongelé avant de le faire cuire.

Faites dorer la viande en cubes dans un peu d'huile ou dans un mélange d'huile et de beurre, pour sceller la saveur avant de la faire cuire à la mijoteuse.

Déposez de gros morceaux de poisson ou des bassines à pouding dans le récipient de la mijoteuse, à l'aide de longues lanières pliées de papier d'aluminium.

collant lorsqu'il est cuit. Mettez un minimum de 250 ml (8 oz) d'eau pour chaque 100 g (3½ oz) de riz à cuisson rapide, ou 500 ml (17 oz) pour le risotto.

Légumes déshydratés et lentilles

Les légumes déshydratés doivent tremper toute la nuit dans l'eau froide avant d'être utilisés. Égouttez-les et mettez-les dans une casserole d'eau fraîche, puis portez à ébullition. Faites bouillir pendant 10 minutes, puis égouttez-les ou ajoutez-les avec le liquide de cuisson à la mijoteuse (voir chaque recette pour plus de détails). L'orge perlé et les lentilles rouges, du Puy et vertes, n'ont pas besoin d'être trempées toute la nuit, mais si vous n'êtes pas certain, vérifiez sur l'emballage.

Légumes

Étonnamment, les légumes racines prennent plus de temps à cuire que la viande. Si vous les ajoutez à une casserole de viande, assurez-vous de les couper en morceaux plus petits que les morceaux de viande. De plus, essayez de couper les morceaux de la même taille, pour une cuisson plus uniforme. Pressez les légumes et la viande dans le liquide, avant que la cuisson commence.

Pâtes et riz

Les pâtes ont tendance à devenir molles, si elles sont ajoutées au début de la recette. Pour de meilleurs résultats, faites cuire les pâtes dans une casserole distincte, remplie d'eau bouillante, et mélangez-les avec la casserole, au moment de servir. Les petites pâtes, comme les macaronis et les coquilles, peuvent être ajoutées 30 à 45 minutes avant la fin de la cuisson.

Le riz basmati et le riz ordinaire blanc à longs grains peuvent être ajoutés dans la mijoteuse, mais vous obtiendrez de meilleurs résultats si vous utilisez du riz à cuisson rapide, car il a été partiellement cuit pendant le temps de fabrication. Une partie de l'amidon a été enlevée, rendant le riz moins

Crème et lait

On peut ajouter la crème et le lait, mais en règle générale, seulement au début de la cuisson du pouding au riz ou des plats de flan cuit. Utilisez du lait entier ou de la crème à haute teneur en matières grasses, parce qu'ils ont moins tendance à se séparer.

Si vous préparez de la soupe, n'ajoutez le lait qu'à la fin seulement, après que la soupe ait été réduite en purée. Versez la crème dans la soupe 15 minutes seulement avant la fin du temps de cuisson, ou versez-la en tourbillon sur la soupe, au moment de servir.

Épaissir les ragoûts et les casseroles

Les casseroles peuvent être épaissies de la même façon que lors de la cuisson conventionnelle. Ajoutez la farine après avoir fait saisir la viande ou frire les oignons, puis mélangez graduellement le bouillon. Alternativement, ajoutez la fécule de maïs avec un peu d'eau 30 à 60 minutes avant la fin de la cuisson, ou prenez du liquide du plat, versez-le dans une casserole et faites-le bouillir sur la plaque chauffante, jusqu'à ce qu'il ait réduit.

Parce qu'il n'y a pas d'évaporation pendant la cuisson, comme il y en aurait sur la plaque chauffante, il n'y a pas de raison de soulever le couvercle pendant la cuisson pour vérifier le ragoût ou pour ajouter du bouillon. Vous vous apercevrez peut-être que vous utiliserez moins de bouillon que normalement, mais rappelez-vous qu'il est important que la viande ou les légumes soient recouverts de liquide, pour une cuisson uniforme.

Planifiez

Si vous planifiez utiliser votre mijoteuse avant de partir pour le travail, il serait peut-être préférable de préparer, en partie, le plat le soir précédent. Hachez l'oignon et gardez-le dans un sac refermable en plastique hermétique. Mettez les légumes, coupés en dés, dans un contenant en plastique qui ferme hermétiquement avec un peu d'eau, que vous ajoute-rez, par la suite, dans le récipient de la mijoteuse. Tranchez ou coupez en cubes la viande, et enveloppez-la dans une pellicule d'emballage en plastique, ou du papier d'aluminium.

Gardez tous les aliments dans le réfrigérateur, puis faites-les dorer le matin, pendant que vous faites préchauffer la

mijoteuse, si votre modèle le requiert. Ajoutez de l'eau bouillante à un cube de bouillon, à faible teneur en sodium, avec le liquide dans lequel les légumes ont trempé, et faites chauffer le bouillon dans une poêle à frire, après avoir fait saisir la viande. Transférez les ingrédients dans le récipient de la mijoteuse, mettez le couvercle et laissez cuire pendant que vous êtes sorti.

Dans la plupart des recettes savoureuses de ce livre, les ingrédients sont dorés en premier, afin d'améliorer leur goût et leur apparence, puis ils sont épaissis avec de la farine avant d'être déposés dans le récipient de la mijoteuse, ou avec un peu de fécule de maïs à la fin du temps de cuisson.

Si vous préférez ne pas faire dorer vos aliments, transférez directement, du réfrigérateur, la viande coupée en cubes, tranchée ou émincée, ou les morceaux de poulet dans le récipient de la mijoteuse, et couvrez-les de bouillon bouillant. Il vous faudra augmenter de 2 à 3 heures le temps de cuisson, si le réglage est à l'allure « Minimale ». Ne vous laissez pas tenter de soulever le couvercle avant la mi-cuisson, car il faudra ajouter 20 minutes au temps de cuisson. Épaississez la casserole à la fin, avec un peu de fécule de maïs mélangée avec de l'eau pour former une pâte, puis faites cuire pendant 30 minutes, à l'allure « Maximale ».

Que vous fassiez tout d'abord dorer les aliments ou non, assurez-vous de toujours ajouter du liquide **chaud** dans le récipient.

Ai-je besoin d'équipements spéciaux ?

Vous avez probablement tout ce qu'il vous faut, mais si vous achetez une nouvelle mijoteuse, pourquoi ne pas vous gâter avec une nouvelle poêle à frire, non adhésive, pour préparer vos aliments avant la cuisson dans la mijoteuse ?

Il est fort probable que vous ayez déjà une bassine de 1,25 l (2¼ chopines) pour les poudings vapeur, comme le Pouding

Vous trouverez peut-être que vous utilisez légèrement moins de bouillon, car il n'y a pas de risque d'évaporation ni de risque que le ragoût sèche.

au romarin avec champignons et marrons (voir page 105) ou le Pouding au rhum et aux raisins secs (voir page 110). Si vous en avez une un peu plus grande, vérifiez si vous pouvez la placer dans la mijoteuse, avant de commencer. Pour les recettes comme le Bobotie (voir page 46), le Pouding aux pommes avec caramel anglais (voir page 108), le Pain d'épices vapeur avec glaçage aux bananes (voir page 126) ou le Gâteau au fromage marbré chocolat-vanille (voir page 123), vous aurez besoin d'un plat à soufflé de 14 cm (5½ po) de diamètre et 9 cm (3½ po) de hauteur, ou un plat rond à côté droit avec une capacité de 1,25 l (2¼ chopines).

Avec les poudings individuels comme le Pouding au chocolat et cerises noires (voir page 112) ou les Petits poudings éponge au café avec liqueur de café (voir page 133), vous aurez besoin de quatre moules individuels en métal d'une capacité de 200 ml (7 oz) chacun. Les petites tasses à café font également d'excellents moules pour la Crème anglaise au citron (voir page 124), et six tasses entreront parfaitement, l'une à côté de l'autre, dans le récipient de la mijoteuse ovale. Encore une fois, vérifiez si les contenants que vous choisissez pourront entrer dans votre mijoteuse, avant de commencer.

Adaptez vos propres recettes

Si vous voulez essayer vos recettes favorites dans votre mijoteuse, vous devriez rechercher des recettes similaires dans ce livre, pour avoir une idée de la quantité qui peut entrer dans la mijoteuse et le temps de cuisson approprié pour l'ingrédient principal. Puisque, dans une mijoteuse, les aliments cuisent lentement et uniformément, vous devrez certainement réduire la quantité de liquide. Commencez en n'utilisant que la moitié du liquide mentionné dans la recette originale, puis augmentez, au besoin, en pressant les aliments sous la surface du liquide et en ajoutant le liquide pour couvrir tous les aliments. Les recettes qui contiennent des tomates fraîches ne nécessitent pas trop de liquide, puisque les tomates se transforment en chair pendant la cuisson. La vapeur qui se condense sur le couvercle de la mijoteuse

retourne dans le récipient, alors il n'y a pas de danger que les aliments se dessèchent par ébullition. Si vous vous apercevez que vous avez trop réduit la quantité de liquide, ajoutez un peu de bouillon ou d'eau bouillante à la fin de la cuisson pour compenser.

Conseil

- Pour lever facilement une bassine chaude de la mijoteuse, vous pouvez acheter des sacs pour bassine à pouding en cordes de macramé, mais assurez-vous qu'ils sont faits pour une bassine de 1,25 l (2¼ chopines), avant de les acheter. Alternativement, prenez deux longues feuilles de papier d'aluminium. Pliez chacune d'elles en trois, pour faire une longue et étroite lanière. Déposez-les, l'une sur l'autre, en forme de croix, et mettez la bassine au centre. Levez les lanières, et abaissez, avec précaution, la bassine dans le récipient de la mijoteuse.

Il est habituellement préférable d'ajouter le lait ou la crème à la fin de la recette, à moins que la recette demande d'utiliser le récipient de la mijoteuse comme bain-marie ou bain d'eau, avec de l'eau chaude versée autour du plat. Le pouding au riz est l'exception à cette règle, et vous devez utiliser du lait entier, et non du lait partiellement écrémé ou écrémé. Référez-vous aux recettes individuelles de ce livre pour plus de renseignements.

Changer les recettes pour les adapter à une mijoteuse plus petite ou plus grande

Toutes les recettes de ce livre ont été vérifiées dans une mijoteuse de taille régulière avec une capacité totale de 3,5 l (6 chopines). Des mijoteuses plus grandes de 5 l (8¾ chopines), pour six portions, ou plus petites, pour deux personnes, de 1,5 l (2½ chopines), sont également disponibles. Pour adapter les recettes de ce livre, réduisez les quantités de moitié pour deux portions, ou calculez une fois et demie la recette, tout en gardant le même réglage de temps. Toutes les recettes préparées dans des bassines à pouding, dans des plats à soufflé ou dans des moules individuels peuvent également être cuites dans une plus grande mijoteuse, en gardant le même temps de cuisson.

Utiliser une mijoteuse conjointement avec un congélateur

La plupart des soupes et des ragoûts de ce livre peuvent être congelés. Si vous vivez seul, vous pouvez gagner beaucoup de temps en congelant des portions individuelles. Après tout, préparer une casserole pour quatre au lieu de deux demande très peu d'efforts additionnels. Décongelez les portions au réfrigérateur pendant la nuit, ou pendant 4 heures à la température ambiante, puis réchauffez-les dans une casserole sur la plaque chauffante ou au four à micro-ondes, à puissance élevée.

Astuces

• Vous pouvez préparer beaucoup plus que des casseroles, dans la mijoteuse. Essayez des poudings vapeur, des crèmes au four, des grogs, même des gâteaux, des chutneys et des conserves.

• Vérifiez toujours que le rôti, la bassine à pouding, le plat à soufflé ou les moules individuels s'adaptent bien au récipient de la mijoteuse avant de commencer à préparer les ingrédients, pour éviter les désappointements.

• Les aliments cuits dans une mijoteuse doivent contenir du liquide.

• Si vous avez un mélangeur électrique plongeant, vous pouvez réduire en purée des soupes alors qu'elles sont encore dans le récipient de la mijoteuse, tout en faisant attention de ne pas toucher les bords.

• Les aliments ne dorent pas, pendant la cuisson, alors enlevez le récipient de la mijoteuse et transférez-le sur un gril préchauffé, ou dans le four muni d'un gril. Alternativement, utilisez un petit chalumeau de chef, si vous en avez un.

• Résistez à la tentation de lever le couvercle et de brasser les aliments pendant la cuisson dans la mijoteuse. Puisque les aliments mijotent lentement, même à l'allure « Maximale », il n'y a pas lieu de vous inquiéter que les aliments collent, brûlent ou sèchent. **Chaque fois que vous levez le couvercle, vous devez ajouter 20 minutes au temps de cuisson.**

Entretien de votre mijoteuse

Si vous en prenez soin, vous verrez que votre mijoteuse peut durer 20 ans ou plus, allant de vos années au collège jusqu'à ce que vous ayez une famille ou votre retraite.

Même si vous êtes tenté de mettre le récipient de la mijoteuse et le couvercle dans le lave-vaisselle, ne le faites pas, car ils prennent beaucoup d'espace. De plus, vous devez vérifier dans votre manuel d'instructions, car plusieurs types de mijoteuse ne vont pas au lave-vaisselle. On peut contrôler la chaleur de la mijoteuse, contrairement à une casserole dans laquelle les aliments laissent beaucoup de dépôts. Enlevez tout simplement le récipient de la mijoteuse, remplissez-le d'eau chaude savonneuse, et laissez-le tremper pendant un certain temps. Éteignez tous les contrôles, débranchez la mijoteuse, et laissez-la refroidir avant de la nettoyer. Essuyez l'intérieur avec un linge humide et enlevez toute tache tenace avec un peu de nettoyeur en crème. Essuyez l'extérieur de la mijoteuse et les contrôles avec un linge à vaisselle, puis polissez-les avec un chiffon. Les parties chromées peuvent être vaporisées avec un peu de nettoyeur multi-surface, et polies avec un chiffon. **N'immergez jamais la mijoteuse dans l'eau pour la nettoyer.**

Si vous entreposez votre mijoteuse dans une armoire, assurez-vous qu'elle est complètement refroidie, avant de la ranger.

Sécurité

• Si vous utilisez des haricots secs, faites-les tremper toute la nuit dans l'eau froide et faites-les bouillir rapidement dans une casserole remplie d'eau fraîche pendant 10 minutes, avant de les ajouter dans le récipient de la mijoteuse. Les lentilles n'ont pas besoin de tremper ni de bouillir.

• Assurez-vous que les aliments congelés soient toujours complètement décongelés avant de les ajouter dans la mijoteuse, bien que certains légumes congelés, comme les pois et les grosses fèves, peuvent être ajoutés sans être décongelés.

• Les aliments crus qui ont été retirés du congélateur, décongelés et cuits dans la mijoteuse peuvent être congelés à nouveau, après qu'ils ont été cuits.

• Ajoutez les fruits de mer bien rincés à la fin du temps de cuisson, et faites cuire le mélange à l'allure « Maximale » pendant 15 minutes, pour vous assurer que les fruits de mer soient bouillants.

• Si vous faites cuire un rôti de viande, assurez-vous qu'il ne remplisse pas plus des deux tiers du récipient. Couvrez complètement la viande avec du liquide chaud. Assurez-vous toujours que le rôti soit complètement cuit avant de le servir, en utilisant un thermomètre pour la viande ou en insérant une brochette dans la partie la plus épaisse du rôti, la cuisse ou la poitrine, si vous faites cuire un poulet entier, une pintade ou un faisan. Les jus seront clairs lorsque la viande sera prête.

Pendant la mise en chauffe de la mijoteuse, il se forme un joint étanche d'eau sous le couvercle. Si vous levez le couvercle, vous devrez ajouter 20 minutes au temps de cuisson.

• Enlevez le récipient de la mijoteuse lorsque les aliments sont cuits, et servez. Les restes devraient êtres transférés dans un contenant en plastique, couverts, et laissés refroidir à la température ambiante, avant d'être réfrigérés.

• Ne faites jamais réchauffer les aliments cuits dans une mijoteuse. Faites-les réchauffer dans une casserole sur la plaque chauffante, et assurez-vous d'amener à ébullition afin qu'ils soient cuits complètement. Ne faites réchauffer les aliments cuits qu'une seule fois.

• Ne réparez jamais un problème électrique vous-même – contactez le fabricant pour demander conseil.

Tout simplement des soupes

Saumon dans un

Cette soupe rapide et facile à préparer est assaisonnée de miso, une pâte japonaise faite de fèves de soja fermentées. Vous pouvez également ajouter du mirin, un vin japonais provenant du riz, pour la cuisson.

Donne 6 portions

Temps de préparation : 15 minutes
Temps de cuisson : 1⅔ heure à 2⅙ heures
Température de cuisson : « Minimale » et « Maximale »
Mijoteuse de taille régulière ovale ou ronde

4 darnes de saumon d'environ 125 g (4 oz) chacune
1 carotte, tranchée finement
4 ciboules, tranchées finement
1 l (4 tasses) de champignons ou environ 125 g (4 oz) au
   total, tranchés finement
1 gros piment rouge chile, coupé en deux, épépiné et haché
   finement
2 cm (¾ po) de racines de gingembre, pelées et hachées
   finement
45 ml (3 c. à soupe) de miso
15 ml (1 c. à soupe) de sauce soja foncée
30 ml (2 c. à soupe) de mirin (facultatif)
1,2 l (2 chopines) de fumet de poisson chaud
75 g (3 oz) de pois mange-tout, tranchés finement
Feuilles de coriandre (pour garnir)

1 Préchauffer la mijoteuse, si nécessaire – voir les instructions du fabricant. Rincer le saumon à l'eau froide, l'égoutter et le placer dans le récipient de la mijoteuse. Ajouter les carottes, les ciboules, les champignons, le piment chile et le gingembre sur le poisson.

2 Incorporer le miso, la sauce soja et le mirin, si utilisé, au bouillon chaud. Remuer jusqu'à ce que le miso soit dissout. Verser le mélange de bouillon sur le saumon et les légumes, et couvrir..

3 Faire cuire à l'allure « Minimale » pendant 1½ à 2 heures, ou jusqu'à ce que le poisson soit tendre et que la soupe soit bouillante. À l'aide d'une cuillère à égoutter, retirer le poisson et le transférer dans une assiette. Le défaire à la fourchette, en jetant la peau et les arêtes.

4 Retourner le poisson dans la mijoteuse et ajouter les pois mange-tout. Faire cuire à l'allure « Maximale » pendant 10 minutes, ou jusqu'à ce que les pois mange-tout soient tendres. Verser la soupe dans les bols, et garnir de feuilles de coriandre.

Conseil

- Le miso et le mirin sont disponibles dans la plupart des supermarchés et les boutiques d'alimentation orientale. Lorsqu'ouvert, conserver le miso au réfrigérateur.

bouillon chaud de miso

Soupe
aigre-douce au poulet

Cette soupe colorée de style thaïlandais est débordante de saveurs orientales. Si vous préférez, utilisez le même poids de cuisses de poulet désossées et la peau enlevée, au lieu de poitrines de poulet.

Donne 6 portions

Temps de préparation : 20 minutes
Temps de cuisson : 5¼ à 7¼ heures
Température de cuisson : «Minimale» et «Maximale»
Mijoteuse de taille régulière ovale ou ronde

15 ml (1 c. à soupe) d'huile de tournesol
1 oignon, haché finement
3 poitrines de poulet désossées sans peau, environ 550 g
    (1 lb ou 2 oz), coupées en dés
2 gousses d'ail, hachées finement
15 ml (3 c. à thé) de pâte de cari rouge thaï
1,2 l (2 chopines) de bouillon de poulet
30 ml (2 c. à soupe) de sauce soja
15 ml (1 c. à soupe) de sauce de poisson thaï
125 g (4 oz) de champignons de Paris, tranchés
1 grosse carotte, tranchée finement
125 g (4 oz) de minis épis de maïs, tranchés
50 g (2 oz) de pois mange-tout, tranchés
Feuilles de coriandre ou de basilic, déchirées en morceaux
2 limes, coupées en quartiers (pour servir)

1 Préchauffer la mijoteuse, si nécessaire – voir les instructions du fabricant. Faire chauffer l'huile dans une grande poêle à frire. Ajouter l'oignon et le poulet, et faire frire, en brassant, pendant 5 minutes, ou jusqu'à ce qu'ils soient légèrement dorés. Ajouter, en mélangeant, l'ail et la pâte de cari, et faire cuire pendant 1 minute.

2 Ajouter le bouillon, la sauce soja et la sauce de poisson dans la poêle à frire, et amener à ébullition. Ajouter les champignons et les carottes dans le récipient de la mijoteuse, et verser le mélange de bouillon chaud. Couvrir, et faire cuire à l'allure «Minimale» pendant 5 à 7 heures, ou jusqu'à ce que le poulet soit tendre.

3 Incorporer le maïs, les pois mange-tout et les fines herbes. Couvrir, et faire cuire à l'allure «Maximale» pendant 15 minutes. À l'aide d'une louche, verser la soupe dans les bols, et servir avec les quartiers de lime, pour que les convives puissent en presser le jus à volonté.

Aubergines fumées,
et anchois sur pain grillé

Donne 6 portions

Temps de préparation : 40 minutes
Temps de cuisson : 6 à 8 heures
Température de cuisson : «Minimale»
Mijoteuse de taille régulière ovale ou ronde

2 grosses aubergines
30 ml (2 c. à soupe) d'huile d'olive
1 gros oignon, haché
2 gousses d'ail, hachées finement
2,5 ml (½ c. à thé) de pimenton (paprika fumé espagnol)
     ou de poudre de chile
500 g (1 lb) de tomates italiennes, pelées et hachées
600 ml (1 chopine) de bouillon de poulet ou de légumes
Sel et poivre

Anchois sur pain grillé

1 boîte de 50 g (2 oz) de filets d'anchois, égouttés et
     hachés finement
75 g (3 oz) de beurre, ramolli
1 petite baguette ou ½ bâtonnet de pain français, tranché

1 Préchauffer la mijoteuse, si nécessaire – voir les instructions du fabricant. Piquer chaque aubergine avec une fourchette, juste sous la tige, et faire cuire au grilloir préchauffé pendant 15 minutes, en les tournant plusieurs fois, jusqu'à ce que la peau soit boursouflée et noircie. Transférer sur une planche à trancher, et laisser refroidir.

2 Faire chauffer l'huile dans une grande poêle à frire. Ajouter l'oignon, et faire frire, en brassant, pendant 5 minutes.

3 Couper les aubergines en deux, et utiliser une cuillère pour séparer la chair tendre de la peau. Hacher grossièrement la chair, et l'ajouter à l'oignon avec l'ail. Faire frire pendant 2 minutes. Incorporer, en mélangeant, le pimenton ou la poudre de chile, et faire cuire pendant 1 minute. Ajouter les tomates, le bouillon, le sel et le poivre, et amener à ébullition.

4 Transférer le mélange dans le récipient de la mijoteuse. Couvrir, et faire cuire à l'allure «Minimale» pendant 6 à 8 heures.

5 Réduire la soupe en purée jusqu'à ce qu'elle soit lisse ou, si désiré, laisser quelques morceaux. Mélanger les anchois avec le beurre ramolli. Faire griller le pain légèrement, et le tartiner de beurre d'anchois. Verser la soupe dans les bols, et déposer deux morceaux de pain grillé dans chaque bol.

Soupe de betteraves

Une favorite dans les pays de l'Europe de l'Est, cette soupe d'un rouge intense est assaisonnée de bouillon de bœuf. Les végétariens peuvent utiliser un bouillon de légumes et ajouter des champignons séchés, pour donner plus de saveur.

Donne 6 portions

Temps de préparation : 25 minutes
Temps de cuisson : 7¼ à 8¼ heures
Température de cuisson : « Minimale » et « Maximale »
Mijoteuse de taille régulière ovale ou ronde

25 g (1 oz) de beurre
15 ml (1 c. à soupe) d'huile de tournesol
1 gros oignon, haché finement
375 g (12 oz) de betteraves non cuites, nettoyées, pelées et
　　coupées en petits dés
2 carottes, coupées en petits dés
250 g (8 oz) de pommes de terre, coupées en petits dés
2 gousses d'ail, hachées finement
1 l (1¾ chopine) de bouillon de bœuf, chaud
15 ml (1 c. à soupe) de purée de tomates
2 feuilles de laurier
2 tiges de céleri, coupées en petits dés (facultatif)
125 g (4 oz) de chou rouge, râpé finement
Sel et poivre

Pour servir

30 ml (2 c. à soupe) de vinaigre de vin rouge
15 ml (1 c. à soupe) de sucre semoule
300 ml (½ chopine) de bouillon de bœuf, chaud

Pour garnir

150 ml (¼ chopine) de crème à haute teneur en matières
　　grasses
Poivre noir moulu grossièrement

1 Préchauffer la mijoteuse, si nécessaire – voir les instructions du fabricant. Faire chauffer le beurre et l'huile dans une grande poêle à frire. Ajouter l'oignon et faire frire, en brassant, pendant 5 minutes ou jusqu'à ce qu'il soit ramolli. Incorporer, en brassant, les betteraves, les carottes, les pommes de terre et l'ail. Faire frire pendant 2 minutes.

2 Y verser le bouillon (ou autant de bouillon que la poêle peut en contenir), en brassant, avec la purée de tomates, les feuilles de laurier, le sel et le poivre. Amener à ébullition, en remuant.

3 Déposer le céleri, si utilisé, et le chou rouge dans le récipient de la mijoteuse. Ajouter le mélange de bouillon chaud (faire réchauffer le surplus du bouillon qui ne pouvait entrer dans la poêle à frire au début, et l'ajouter au récipient après qu'il ait bouilli). Mettre le couvercle, et faire cuire à l'allure « Minimale » pendant 7 à 8 heures, ou jusqu'à ce que le tout soit tendre.

4 Incorporer le vinaigre et le sucre, puis réduire la soupe en purée, en lots, dans un mélangeur ou un robot culinaire jusqu'à ce qu'elle soit lisse. La retourner dans la mijoteuse. Incorporer le surplus de bouillon chaud, et réchauffer à l'allure « Maximale » pendant 15 minutes. Verser la soupe dans les bols. À l'aide d'une cuillère, déposer un peu de crème sur le dessus de chaque bol, et saupoudrer d'un peu de poivre.

et de carottes avec crème

Soupe au pistou
avec galettes de parmesan

Donne 6 portions

Temps de préparation : 25 minutes
Temps de cuisson : 6¼ à 8⅓ heures
Température de cuisson : «Minimale» et «Maximale»
Mijoteuse de taille régulière ovale ou ronde

15 ml (1 c. à soupe) d'huile d'olive
1 oignon, haché finement
1 pomme de terre pour cuisson au four, coupée en
    petits dés
1 carotte, coupée en petits dés
2 gousses d'ail, hachées finement
1 boîte de 410 g (13¼ oz) de haricots blancs, égouttés
1,2 l (2 chopines) de bouillon de poulet ou de légumes,
    chaud
10 ml (2 c. à thé) de pesto et un peu plus pour servir
100 g (3½ oz) de brocoli, coupé en petits fleurets et les
    tiges tranchées
100 g (3½ oz) de haricots verts, chacun coupé en quatre
2 tomates, coupées en dés
100 g (3½ oz) de parmesan, râpé grossièrement
Sel et poivre
1 botte de basilic, pour garnir (facultatif)

1 Préchauffer la mijoteuse, si nécessaire – voir les instructions du fabricant. Faire chauffer l'huile dans une grande poêle à frire. Ajouter l'oignon, et le faire frire, en brassant, pendant 5 minutes, ou jusqu'à ce qu'il soit légèrement doré. Ajouter la pomme de terre, la carotte et l'ail. Faire cuire pendant 2 minutes.

2 Transférer le mélange de légumes dans le récipient de la mijoteuse. Ajouter les haricots blancs, le bouillon chaud et le pesto. Assaisonner, au goût, de sel et de poivre. Bien mélanger, et mettre le couvercle. Faire cuire à l'allure «Minimale» pendant 6 à 8 heures.

3 Ajouter le brocoli, les haricots verts et les tomates. Remettre le couvercle et faire cuire à l'allure «Maximale» pendant 15 à 20 minutes, ou jusqu'à ce que les légumes soient tendres.

4 Pendant ce temps, tapisser une grande plaque à cuisson avec du papier sulfurisé antiadhésif, et faire 18 petits monticules de parmesan, en laissant de l'espace entre chacun pour qu'ils puissent s'étendre. Faire cuire dans un four préchauffé à 190 °C (375 °F), ou au gaz, niveau 5, pendant 5 minutes, ou jusqu'à ce que le fromage soit fondu et qu'il commence à dorer sur les bords. Laisser reposer pour qu'ils refroidissent et durcissent, puis enlever le papier.

5 Verser la soupe dans les bols, en la garnissant de cuillerées combles de pesto, de quelques feuilles de basilic, si désiré, et des galettes de parmesan.

Hochepot d'agneau

Cette soupe traditionnelle est faite avec un bouillon clair, agrémenté de légumes racines, et elle est épaissie avec de l'orge perlé. Vous pouvez changer les légumes selon la saison, et ajouter des panais ou des navets coupés en dés.

Donne 6 portions

Temps de préparation : 20 minutes
Temps de cuisson : 8¼ à 10¼ heures
Température de cuisson : «Minimale» et «Maximale»
Mijoteuse de taille régulière ovale ou ronde

15 g (½ oz) de beurre
15 ml (1 c. à soupe) d'huile de tournesol
1 gros oignon, haché finement
400 g (13 oz) de filets d'agneau, coupés en dés
175 g (6 oz) de carottes, coupées en petits dés
175 g (6 oz) de chou-navet blanc, coupé en petits dés
200 g (7 oz) de pommes de terre, coupées en petits dés
1 poireau, tranché mince (garder les tranches blanches et
    vertes séparées)
50 g (2 oz) d'orge perlé
2 à 3 brindilles de romarin, ou un peu de romarin séché
1,5 l (2½ chopines) de bouillon d'agneau
Sel et poivre
Pain chaud (pour servir)

1 Préchauffer la mijoteuse, si nécessaire – voir les instructions du fabricant. Faire chauffer le beurre et l'huile dans une casserole. Ajouter l'oignon et l'agneau. Faire cuire à feu vif jusqu'à ce que l'agneau soit bruni et que l'oignon soit doré.

2 Ajouter, en mélangeant, les carottes, le chou-navet blanc, les pommes de terre, les tranches de poireaux blanches, l'orge perlé et le romarin. Ajouter tout le bouillon (ou le plus que vous pouvez) dans la casserole. Assaisonner, au goût, de sel et de poivre, et amener à ébullition.

3 Transférer le mélange dans le récipient de la mijoteuse (amener à ébullition le reste du bouillon, et l'ajouter au récipient). Mettre le couvercle, et faire cuire à l'allure «Minimale» pendant 8 à 10 heures, ou jusqu'à ce que l'orge perlé, les légumes et l'agneau soient tendres.

4 Ajouter les feuilles vertes de poireaux, et faire cuire à l'allure «Maximale» pendant 15 minutes. Verser le bouillon dans les bols, et servir avec du pain chaud.

Conseils

- Cette soupe se congèle bien en portions individuelles dans des contenants ou des sacs en plastique, ou dans des récipients plus grands pour une famille. Faites réchauffer au four à micro-ondes ou dans une casserole.

- Pour un repas très consistant, ajoutez de petites boulettes de pâte aux fines herbes en même temps que les feuilles de poireaux vertes, et faire cuire pendant 30 minutes

Caldo verde

Cette soupe campagnarde du Portugal est assaisonnée de chorizo coupé en dés et de pommes de terre. C'est presque un repas, si elle est servie avec des morceaux de pain croûté chaud.

Donne 6 portions

Temps de préparation : 20 minutes
Temps de cuisson : 6¼ à 8⅓ heures
Température de cuisson : «Minimale» et «Maximale»
Mijoteuse de taille régulière ovale ou ronde

30 ml (2 c. à soupe) d'huile d'olive
2 oignons, hachés
2 gousses d'ail, hachées finement
150 g (5 oz) de chorizo en un morceau, sans peau et
    coupé en dés
625 g (1¼ lb) ou 3 petites pommes de terre pour cuisson
    au four, coupées en dés de 1 cm (½ po)
5 ml (1 c. à thé) de pimenton fort (paprika espagnol fort et
    fumé)
1,2 l (2 chopines) de bouillon de poulet, chaud
125 g (4 oz) de chou vert, râpé finement
Sel et poivre
Pain croûté, chaud (pour servir)

1 Préchauffer la mijoteuse, si nécessaire – voir les instructions du fabricant. Faire chauffer l'huile dans une grande poêle à frire. Ajouter les oignons, et faire frire, en brassant, pendant 5 minutes ou jusqu'à ce qu'ils soient légèrement dorés. Ajouter l'ail, le chorizo, les pommes de terre et le pimenton fort. Faire cuire pendant 2 minutes.

2 Transférer le mélange dans le récipient de la mijoteuse. Ajouter le bouillon chaud et assaisonner, au goût, de sel et de poivre. Mettre le couvercle et faire cuire à l'allure «Minimale» pendant 6 à 8 heures.

3 Ajouter le chou. Remettre le couvercle et faire cuire à l'allure «Maximale» pendant 15 à 20 minutes, ou jusqu'à ce que le chou soit tendre. Verser la soupe dans les bols, et servir avec du pain croûté chaud.

Conseil

- Si vous utilisez des cubes de bouillon, préparez la quantité qu'il faut pour cette soupe avec deux cubes de bouillon dans l'eau bouillante. Évitez les cubes qui sont très assaisonnés, car ils masqueront le goût du chorizo.

Jambon salé fumé avec

chaudrée de haricots variés

Si vous préférez, un petit jambonneau peut remplacer le jambon fumé, dans cette soupe très consistante.

Donne 6 portions

Temps de préparation : 20 minutes, plus le temps de trempage
Temps de cuisson : 6 à 7 heures
Température de cuisson : «Maximale»
Mijoteuse de taille régulière ovale ou ronde

500 g (1 lb) de jambon salé fumé, désossé
150 g (5 oz) de mélange pour soupe paysanne (mélange de
    pois séchés, d'orge, de lentilles et de haricots)
2 oignons, hachés grossièrement
1 carotte, coupée en dés
1 feuille de laurier
4 clous de girofle
1,5 l (2½ chopines) de bouillon de légumes
Poivre
Feuilles de persil plat, hachées (pour garnir)
Pain croûté, chaud (pour servir)

1 Mettre le jambon salé fumé dans un bol. Le couvrir d'eau froide, et le transférer au réfrigérateur. Mettre le mélange de soupe dans un autre bol. Couvrir d'eau froide, et laisser à la température ambiante. Laisser les deux plats tremper toute la nuit.

2 Préchauffer la mijoteuse, si nécessaire – voir les instructions du fabricant. Égoutter le mélange de haricots, et le mettre dans une casserole avec les oignons, les carottes, la feuille de laurier, les clous de girofle, le bouillon et le poivre. Amener à ébullition, et faire bouillir rapidement pendant 10 minutes, en l'écumant.

3 Retirer le jambon salé fumé de l'eau, et le mettre dans le récipient de la mijoteuse. Recouvrir des haricots et du mélange de bouillon. Mettre le couvercle, et faire cuire à l'allure «Maximale» pendant 6 à 7 heures, ou jusqu'à ce que le jambon soit bien cuit.

4 Retirer le jambon du récipient. Enlever la couenne, tout le gras, et couper la viande en bouchées. Retourner la viande dans le récipient de la mijoteuse, et saupoudrer de persil. Verser la soupe dans les bols, et servir avec du pain croûté chaud.

Conseils

• Si vous ne pouvez pas trouver de petit jambon salé et fumé, coupez des tranches minces d'un gros morceau jusqu'à ce qu'il puisse s'adapter à la mijoteuse. Faites griller ces tranches, et servez-les avec des œufs pochés et des croustilles, pour un dîner rapide ou un déjeuner.

• Si vous avez une petite mijoteuse, réservez 300 ml (½ chopine) de bouillon et ajoutez-le lorsque vous enlèverez, à la fin, le jambon.

• Avertissez les convives de faire attention aux clous de girofle.

Crème de chou-fleur avec noix de cajou au miel

Donne 6 portions

Temps de préparation : 30 minutes
Temps de cuisson : 4¼ à 5¼ heures
Température de cuisson : «Minimale» et «Maximale»
Mijoteuse de taille régulière ovale ou ronde

25 g (I oz) de beurre
15 ml (I c. à soupe) d'huile d'olive
I oignon, haché grossièrement
50 g (2 oz) de noix de cajou
750 ml (I¼ chopine) de bouillon de légumes
Muscade, râpée (au goût)
I gros chou-fleur, coupé en fleurets et étrogné
450 ml (¾ chopine) de lait entier
150 ml (¼ chopine) de crème à haute teneur en matières
   grasses
Sel et poivre

Noix de cajou caramélisées

15 g (½ oz) de beurre
50 g (2 oz) de noix de cajou
15 ml (I c. à soupe) de miel ferme

Conseil

• Si vous préférez, utilisez du sirop d'érable pour faire
  caraméliser les noix de cajou.

1 Préchauffer la mijoteuse, si nécessaire – voir les instructions du fabricant. Faire chauffer le beurre et l'huile dans une grande poêle à frire. Ajouter l'oignon et 50 g (2 oz) de noix de cajou, et faire frire jusqu'à ce qu'ils commencent à colorer. Ajouter le bouillon, un peu de muscade, le sel et le poivre, et amener à ébullition.

2 Mettre le chou-fleur dans le récipient de la mijoteuse. Ajouter le mélange d'oignon et de noix de cajou, couvrir et cuire à l'allure «Minimale» pendant 4 à 5 heures ou jusqu'à ce que le chou-fleur soit tendre.

3 Pendant ce temps, faire caraméliser les noix de cajou. Faire chauffer le beurre dans une poêle à frire propre. Ajouter les noix et faire cuire jusqu'à ce qu'elles commencent à dorer. Ajouter le miel et laisser bouillonner pendant I à 2 minutes, ou jusqu'à ce que les noix soient bien dorées et que le miel soit légèrement foncé. Les verser sur une plaque à cuisson tapissée de papier d'aluminium huilé, les laisser refroidir et durcir, puis les briser en morceaux.

4 Réduire la soupe en purée, en lots, dans un mélangeur ou un robot culinaire, jusqu'à ce qu'elle soit lisse. La retourner dans la mijoteuse en y ajoutant, en brassant, le lait et la moitié de la crème. Ajouter un peu plus de muscade et du sel et du poivre, si désiré, puis faire cuire à l'allure «Maximale» pendant 15 minutes, ou jusqu'à ce que la soupe soit chaude.

5 Verser la soupe dans les bols, faire des tourbillons avec le reste de la crème, et garnir avec des morceaux brisés de noix de cajou.

Soupe de panais et de pommes avec beurre de Stilton et piments

Donne 6 portions

Temps de préparation : 35 minutes
Temps de cuisson : 4¼ à 5¼ heures
Température de cuisson : «Minimale» et «Maximale»
Mijoteuse de taille régulière ovale ou ronde

25 g (1 oz) de beurre
15 ml (1 c. à soupe) d'huile de tournesol
1 oignon, haché
625 g (1¼ lb) de panais, coupés en dés
1 pomme à cuire d'environ 250 g (8 oz), coupée en
    quartiers, étrognée, pelée et coupée en dés
7,5 ml (1½ c. à thé) de graines de cumin, écrasées
2,5 ml (½ c. à thé) de curcuma moulu
900 ml (1½ chopine) de bouillon de poulet ou de légumes
300 ml (½ chopine) de lait
Sel et poivre

Piment et beurre de Stilton

75 g (3 oz) de fromage Stilton, la croûte enlevée
50 g (2 oz) de beurre
2,5 ml (½ c. à thé) de piment chile rouge frais, haché
30 ml (2 c. à soupe) de ciboulette, hachée (facultatif)

1 Préchauffer la mijoteuse, si nécessaire – voir les instructions du fabricant. Faire chauffer le beurre et l'huile dans une grande poêle à frire. Ajouter l'oignon et faire frire, en brassant, pendant 5 minutes jusqu'à ce qu'il soit ramolli, mais non doré.

2 Ajouter le panais, la pomme, les graines de cumin et le curcuma, et faire cuire pendant 2 minutes. Ajouter le bouillon, le sel et le poivre, et amener à ébullition. Transférer dans le récipient de la mijoteuse. Mettre le couvercle, et faire cuire à l'allure «Minimale» pendant 4 à 5 heures, ou jusqu'à ce que les panais soient tendres.

3 Pendant ce temps, préparer le beurre assaisonné. Réduire en purée, dans une assiette, le fromage avec le beurre. Incorporer le piment et la ciboulette hachée, si uti-lisée. À l'aide d'une cuillère, faire une ligne d'environ 10 cm (4 po) de longueur sur du papier sulfurisé ou d'aluminium. Couvrir lâchement, puis rouler vers l'avant et vers l'arrière, pour former un cylindre bien défini. Tourner les bouts du papier pour sceller, et réfrigérer.

4 Réduire la soupe en purée, en lots, jusqu'à ce qu'elle soit lisse. La retourner dans la mijoteuse. Incorporer le lait, et faire cuire à l'allure «Maximale» pendant 15 minutes, ou jusqu'à ce qu'elle soit bouillante. Verser la soupe dans les bols, et garnir de tranches fines de beurre, avec quelques

Soupe de patates douces et

Cette soupe onctueuse, veloutée mais épicée, est assaisonnée de gingembre et de cumin, recouverte d'oignons frits (légèrement caramélisés avec un peu de sucre) avec du fenouil, du cumin et du curcuma.

Donne 6 portions

Temps de préparation : 30 minutes
Temps de cuisson : 6¼ à 8¼ heures
Température de cuisson : «Minimale» et «Maximale»
Mijoteuse de taille régulière ovale ou ronde

15 ml (1 c. à soupe) d'huile d'olive
1 oignon, haché
2 gousses d'ail, hachées finement
5 ml (1 c. à thé) de graines de fenouil, écrasées
1 racine de gingembre fraîche de 4 cm (1½ po), pelée et
    hachée finement
900 ml (1½ chopine) de bouillon de poulet ou de légumes
500 g (1 lb) de patates douces, coupées en dés
150 g (5 oz) de lentilles rouges
300 ml (½ chopine) de lait entier
Sel et poivre
Pain nan, chaud (pour servir)

Pour garnir

30 ml (2 c. à soupe) d'huile d'olive
1 oignon, haché finement
5 ml (1 c. à thé) de graines de fenouil, écrasées
2,5 ml (½ c. à thé) de cumin moulu
1,2 ml (¼ c. à thé) de curcuma moulu
5 ml (1 c. à thé) de sucre semoule

1 Préchauffer la mijoteuse, si nécessaire – voir les instructions du fabricant. Faire chauffer l'huile dans une grande poêle à frire. Ajouter l'oignon et faire frire, en brassant, pendant 5 minutes, ou jusqu'à ce qu'il soit légèrement doré. Ajouter l'ail, les graines de fenouil et le gingembre, et faire cuire pendant 2 minutes.

2 Ajouter le bouillon, le sel et le poivre, et amener à ébullition. Mettre les patates douces et les lentilles dans le récipient de la mijoteuse. Y verser le mélange de bouillon chaud, mettre le couvercle et faire cuire à l'allure «Minimale» pendant 6 à 8 heures, ou jusqu'à ce que les patates et les lentilles soient tendres.

3 Réduire la soupe en purée, en lots, et la retourner dans la mijoteuse. Ajouter le lait, en brassant, et faire cuire à l'allure «Maximale» pendant 15 minutes.

4 Pendant ce temps, préparer la garniture. Faire chauffer l'huile dans une poêle à frire propre. Ajouter l'oignon, et faire frire à feu doux, en brassant occasionnellement, pendant 10 minutes, ou jusqu'à ce qu'il ait ramolli. Ajouter les épices et le sucre. Augmenter légèrement la chaleur et faire frire pendant 5 minutes encore, ou jusqu'à ce que le tout soit bien doré.

5 Verser la soupe dans les bols, et saupoudrer les oignons épicés sur le dessus. Servir avec du pain nan chaud.

Conseil

- Si vous ne pouvez manger de produits laitiers, ajoutez 300 ml (½ chopine) de bouillon additionnel au lieu du lait, à la fin de l'étape 3.

de lentilles rouges au gingembre

Soupe d'épinards
aux pois et aux fèves

Donne 6 portions

Temps de préparation : 30 minutes

Temps de cuisson : 4½ à 5¾ heures

Température de cuisson : «Minimale» et «Maximale»

Mijoteuse de taille régulière ovale ou ronde

15 ml (1 c. à soupe) d'huile d'olive

1 oignon, haché

1 pomme de terre à cuire au four d'environ 250 g (8 oz),
    coupée en dés

375 g (12 oz) de fèves congelées

900 ml (1½ chopine) de bouillon de poulet ou de légumes

125 g (4 oz) de pois congelés

100 g (3½ oz) d'épinards

300 ml (½ chopine) de lait entier

Muscade, râpée

Sel et poivre

Pour garnir

15 ml (1 c. à soupe) d'huile d'olive

100 g (3½ oz) de pancetta ou de chorizo, coupé en dés

90 ml (6 c. à soupe) de crème à haute teneur en matières
    grasses

1 Préchauffer la mijoteuse, si nécessaire – voir les instructions du fabricant. Faire chauffer l'huile dans une grande poêle à frire. Ajouter l'oignon et le faire frire, en brassant, pendant 5 minutes, ou jusqu'à ce qu'il soit légèrement doré. Ajouter la pomme de terre, les fèves, le bouillon, le sel et le poivre, puis amener à ébullition.

2 Transférer le mélange dans le récipient de la mijoteuse. Mettre le couvercle et faire cuire à l'allure «Minimale» pendant 4 à 5 heures. Ajouter les pois et les épinards. Mettre le couvercle, et faire cuire à l'allure «Maximale» pendant 15 à 30 minutes.

3 Réduire la soupe en purée, en lots, et la retourner dans la mijoteuse. Ajouter, en brassant, le lait et la muscade, au goût. Replacer le couvercle, puis faire cuire à l'allure «Maximale» pendant 15 minutes, ou jusqu'à ce que la soupe soit bouillante.

4 Faire chauffer l'huile dans une poêle à frire propre, et faire frire la pancetta ou le chorizo jusqu'à ce qu'il soit légèrement doré. Verser la soupe dans les bols, faire des tourbillons avec la crème, et saupoudrer avec la pancetta ou le chorizo frit.

Conseil

• Essayez d'ajouter 45 ml (3 c. à soupe) de menthe hachée à cette soupe, juste avant de servir.

Soupe Bloody Mary
avec huile de chile

Remplie de toutes les saveurs d'un cocktail froid Bloody Mary, cette soupe onctueuse est un parfait remontant ou un excellent début pour un agréable dîner.

Donne 6 portions

Temps de préparation : 25 minutes
Temps de cuisson : 5 à 6 heures
Température de cuisson : «Minimale»
Mijoteuse de taille régulière ovale ou ronde

15 ml (1 c. à soupe) d'huile d'olive
1 oignon, haché
1 poivron rouge, épépiné, étrogné et coupé en dés
2 tiges de céleri, tranchées
500 g (1 lb) de tomates italiennes, hachées
1,2 ml (¼ c. à thé) de poudre de chile
600 ml (1 chopine) de bouillon de légumes
20 ml (4 c. à thé) de sauce Worcestershire
20 ml (4 c. à thé) de purée de tomates
10 ml (2 c. à thé) de sucre semoule
60 ml (4 c. à soupe) de vodka
Sel et poivre
Pain ciabatta, chaud (pour servir)

Pour garnir

2 tomates, tranchées
Quelques feuilles de céleri
Huile d'olive aromatisée au chile

1 Préchauffer la mijoteuse, si nécessaire – voir les instructions du fabricant. Faire chauffer l'huile dans une grande poêle à frire. Ajouter l'oignon et le faire frire, en brassant, pendant 5 minutes, ou jusqu'à ce qu'il soit légèrement doré.

2 Ajouter, en brassant, le poivron rouge, le céleri, les tomates et la poudre de chile. Faire cuire pendant 2 minutes. Incorporer le bouillon, la sauce Worcestershire, la purée de tomates, le sucre, le sel et le poivre, et amener à ébullition.

3 Transférer le mélange dans le récipient de la mijoteuse. Mettre le couvercle, et faire cuire à l'allure «Minimale» pendant 5 à 6 heures. Réduire en purée jusqu'à ce que la soupe soit lisse, à l'aide d'un mélangeur ou d'un robot culinaire, puis la retourner dans la mijoteuse. Ajouter, en brassant, la vodka. Mettre le couvercle et garder au chaud jusqu'au moment de servir.

4 Verser la soupe dans les bols, et déposer sur chacun une tranche de tomate et une petite feuille de céleri. Verser doucement un filet d'huile aromatisée au chile autour de la tomate. Servir avec le pain ciabatta chaud.

Déjeuners
succulents

Saumon cuit au pesto

La cuisson lente à la mijoteuse vous assure que le poisson ne sera pas sec et qu'il ne se brisera pas. Servez-le avec du riz, mélangé avec beaucoup de basilic haché, de persil ou de petites pommes de terre nouvelles.

Donne 4 portions

Temps de préparation : 20 minutes
Temps de cuisson : 3 à 3½ heures
Température de cuisson : «Minimale»
Mijoteuse de taille régulière ovale

500 g (1 lb) de filets de saumon, coupés dans la partie épaisse du filet
10 ml (2 c. à thé) de pesto
1 poivron rouge, épépiné, étrogné et haché
250 g (8 oz) de tomates cerises, coupées en deux
4 ciboules, tranchées finement
200 ml (7 oz) de vin blanc sec
150 ml (¼ chopine) de fumet de poisson
Sel et poivre
Feuilles de basilic (pour garnir)

1 Préchauffer la mijoteuse, si nécessaire – voir les instructions du fabricant. Prendre un grand morceau de papier d'aluminium, et le plier en deux sur le sens de la largeur. Placer le saumon au centre du papier et étendre le pesto sur le dessus.

2 En tenant les bouts du papier d'aluminium, mettre le saumon dans le récipient de la mijoteuse (voir page 11). Ajouter le poivron rouge, les tomates et les ciboules. Verser le vin et le bouillon dans une grande poêle à frire. Assaisonner, au goût, de sel et de poivre, et amener à ébullition. Verser le liquide dans la mijoteuse. Tourner les bouts du papier d'aluminium, si nécessaire, pour qu'ils puissent entrer à l'intérieur de la mijoteuse. Mettre le couvercle et faire cuire à l'allure «Minimale» pendant 3 à 3½ heures, ou jusqu'à ce que le poisson se défasse en morceaux opaques et que les légumes soient tendres.

3 À l'aide d'une cuillère, mettre les légumes dans les assiettes. Utiliser les lanières de papier d'aluminium pour lever le poisson du récipient, et le couper en quatre. Disposer le poisson près des légumes. Verser le bouillon dans une poêle à frire, et faire bouillir rapidement pendant 2 à 3 minutes, ou jusqu'à ce qu'il ait réduit de moitié. Verser la sauce sur le saumon, et servir garni de feuilles de basilic.

Calmars en sauce

Le calmar prend la pleine saveur de la riche tomate italienne, des câpres et de la sauce aux olives. Il fond presque dans la bouche. Servez cette sauce sur des linguines ou d'autres pâtes de votre choix, avec un vin rouge corsé.

Donne 4 portions

Temps de préparation : 25 minutes
Temps de cuisson : 3½ à 4½ heures
Température de cuisson : «Minimale»
Mijoteuse de taille régulière ovale ou ronde

500 g (1 lb) de calmars préparés
15 ml (1 c. à soupe) d'huile d'olive
1 oignon, haché
2 gousses d'ail, hachées finement
1 boîte de 400 g (13 oz) de tomates, hachées
150 ml (¼ chopine) de fumet de poisson
20 ml (4 c. à thé) de câpres, égouttées
50 g (2 oz) d'olives noires dénoyautées
2 à 3 brindilles de thym et un peu plus pour garnir
    (facultatif)
5 ml (1 c. à thé) de graines de fenouil, écrasées
    grossièrement
5 ml (1 c. à thé) de sucre semoule
Sel et poivre
Linguines (pour servir)

1 Préchauffer la mijoteuse, si nécessaire – voir les instructions du fabricant. Enlever les tentacules des tubes des calmars, et rincer l'intérieur dans l'eau froide. Les mettre dans une passoire, et rincer l'extérieur des tubes et des tentacules. Bien égoutter et mettre les tentacules dans un petit bol. Couvrir, et retourner au réfrigérateur. Couper les tubes en rondelles épaisses.

2 Faire chauffer l'huile dans une grande poêle à frire. Ajouter l'oignon et le faire frire, en brassant, jusqu'à ce qu'il soit doré. Ajouter l'ail et faire cuire pendant 2 minutes. Incorporer les tomates, le fumet de poisson, les câpres, les olives, le thym, les graines de fenouil, le sucre, le sel et le poivre, et amener à ébullition.

3 Transférer la sauce dans le récipient de la mijoteuse. Ajouter les rondelles de calmars, et appuyer pour qu'elles soient sous la sauce. Mettre le couvercle, et faire cuire à l'allure «Minimale» pendant 3 à 4 heures.

4 Brasser le mélange de calmars et ajouter les tentacules. Les presser pour qu'elles soient sous la surface de la sauce. Faire cuire à l'allure «Minimale» pendant 30 minutes. Servir sur des linguines cuits, et garnir de brindilles de thym, si désiré.

puttanesca

Bobotie

Ce pain de viande épicé est un plat de l'Afrique du Sud qui peut être mangé chaud avec du riz épicé, ou froid avec une salade de tomates.

Donne 4 à 5 portions

Temps de préparation : 30 minutes
Temps de cuisson : 5½ à 6½ heures
Température de cuisson : «Maximale»
Mijoteuse de taille régulière ovale

15 ml (1 c. à soupe) d'huile de tournesol
500 g (1 lb) de bœuf haché maigre
1 oignon, haché finement
2 gousses d'ail, hachées finement
20 ml (4 c. à thé) de pâte de cari
15 ml (1 c. à soupe) de vinaigre de vin blanc ou rouge
15 ml (1 c. à soupe) de purée de tomates
50 g (2 oz) de raisins de Smyrne
1 banane, hachée
50 g (2 oz) de chapelure de pain blanc fraîche
3 petites feuilles de laurier
Sel et poivre

Garniture
2 œufs
1 bonne pincée de curcuma moulu
60 ml (4 c. à soupe) de lait

1 Préchauffer la mijoteuse, si nécessaire – voir les instructions du fabricant. Faire chauffer l'huile dans une grande poêle à frire. Ajouter la viande hachée et l'oignon, et faire frire à feu vif, en brassant, jusqu'à ce que la viande hachée soit dorée uniformément.

2 Ajouter l'ail, la pâte de cari, le vinaigre de vin et la purée de tomates, puis les raisins, la banane hachée et la chapelure dans la poêle. Assaisonner de sel et de poivre.

3 À l'aide d'une cuillère, mettre le mélange dans un plat à soufflé ou un plat allant au four, légèrement huilé, de 13 cm (5 po) de diamètre et 9 cm (3 po) de hauteur. Presser le mélange de façon uniforme au fond du moule. Y presser les feuilles de laurier, et couvrir de papier d'aluminium.

4 Utiliser des lanières de papier d'aluminium ou un sac de cordes en macramé pour déposer le plat dans le récipient de la mijoteuse (voir page 13). Verser l'eau bouillante dans le récipient jusqu'à ce qu'elle atteigne la mi-hauteur du plat. Mettre le couvercle, et faire cuire à l'allure «Maximale» pendant 5 à 6 heures, ou jusqu'à ce que le pain de viande soit entièrement cuit.

5 Préparer la garniture. Battre ensemble les œufs, le curcuma, le lait, le sel et le poivre, et verser le mélange sur les feuilles de laurier. Couvrir lâchement de papier d'aluminium, et faire cuire à l'allure «Maximale» pendant 30 minutes jusqu'à ce que le mélange soit ferme. Avec précaution, lever le plat du récipient de la mijoteuse et le servir chaud ou froid.

Thi bo kho

Ce ragoût de bœuf vietnamien est assaisonné de pâte de soja jaune et de poudre de cinq épices. Servez-le avec du riz ou des nouilles frites pour un repas succulent en semaine.

Donne 4 portions

Temps de préparation : 30 minutes
Temps de cuisson : 8 à 10 heures
Température de cuisson : «Minimale»
Mijoteuse de taille régulière ovale ou ronde

15 ml (I c. à soupe) d'huile de tournesol
250 g (8 oz) d'échalotes, coupées en deux
750 g (I ½ lb) de bœuf à braiser, coupé en cubes
2 gousses d'ail, hachées finement
30 ml (2 c. à soupe) de farine
450 ml (¾ chopine) de bouillon de bœuf
45 ml (3 c. à soupe) de pâte de soja jaune
Zeste râpé de I citron et un peu plus pour garnir
5 ml (I c. à thé) de poudre de cinq épices
Sel et poivre
100 g (3½ oz) de fèves germées, bien rincées (pour garnir)
Riz ou nouilles frites (pour servir)

1 Préchauffer la mijoteuse, si nécessaire – voir les instructions du fabricant. Faire chauffer l'huile dans une grande poêle à frire. Ajouter les échalotes et faire frire pendant 5 minutes, ou jusqu'à ce qu'elles soient dorées. Les retirer de la poêle avec une cuillère à égoutter et transférer dans une assiette.

2 Ajouter tout le bœuf dans la poêle, quelques morceaux à la fois, puis faire cuire à feu vif, en brassant, jusqu'à ce qu'il soit doré uniformément. Ajouter l'ail et faire cuire pendant 2 minutes.

3 Incorporer la farine en brassant, puis, graduellement, y mélanger le bouillon. Ajouter la pâte de soja jaune, le zeste de citron et la poudre de cinq épices. Assaisonner de sel et de poivre. Amener à ébullition, en brassant.

4 À l'aide d'une cuillère, mettre le mélange de bœuf dans le récipient de la mijoteuse. Ajouter les échalotes et presser la viande pour qu'elle soit complètement immergée. Mettre le couverde, et faire cuire à l'allure «Minimale» pendant 8 à 10 heures, ou jusqu'à ce que la viande soit tendre.

5 Garnir la casserole avec les fèves germées sautées et le zeste de citron, puis servir avec du riz ou des nouilles frites.

Conseil
• Si vous utilisez des cubes de bouillon, choisissez-en avec une saveur douce, sinon ils masqueront le goût de la pâte de soja jaune.

Boulettes de viande aux olives

Acheter un paquet de viande hachée lors de votre épicerie hebdomadaire ne veut pas nécessairement dire que vous ferez du spaghetti à la bolognaise encore une fois. Dans cette recette, le bœuf haché est assaisonné d'olives noires et de zeste de citron, formé en boulettes et cuit lentement dans une riche sauce tomate.

Donne 4 portions

Temps de préparation : 30 minutes
Temps de cuisson : 6 à 8 heures
Température de cuisson : «Minimale»
Mijoteuse de taille régulière ovale ou ronde

Boulettes de viande

50 g (2 oz) d'olives noires dénoyautées, hachées
Zeste râpé de ½ citron
500 g (1 lb) de bœuf haché extra maigre
1 jaune d'œuf
Sel et poivre

Sauce

15 ml (1 c. à soupe) d'huile d'olive
1 oignon, haché
2 gousses d'ail, hachées finement
1 boîte de 400 g (13 oz) de tomates, hachées
5 ml (1 c. à thé) de sucre semoule
150 ml (¼ chopine) de bouillon de poulet

Pour garnir

Zeste râpé de 1 citron
Petites feuilles de basilic

1 Préchauffer la mijoteuse, si nécessaire – voir les instructions du fabricant. Préparer les boulettes de viande. Mettre tous les ingrédients dans un bol, et mélanger avec une cuillère en bois. Mouiller vos mains et former 20 boulettes avec le mélange.

2 Faire chauffer l'huile dans une grande poêle à frire, ajouter les boulettes et faire cuire à feu vif, en les tournant jusqu'à ce qu'elles soient dorées de tous les côtés. Les retirer de la poêle avec une cuillère à égoutter, et transférer dans une assiette.

3 Préparer la sauce. Ajouter les oignons dans la poêle, et faire frire, en brassant, pendant 5 minutes, ou jusqu'à ce qu'ils soient légèrement dorés. Ajouter l'ail, les tomates, le sucre, le bouillon, le sel et le poivre, et amener à ébullition, en brassant.

4 Transférer les boulettes dans le récipient de la mijoteuse. Y verser la sauce chaude, mettre le couvercle et faire cuire à l'allure «Minimale» pendant 6 à 8 heures. Saupoudrer de zeste de citron et de feuilles de basilic, pour garnir. Servir sur des tagliatelles mélangées avec du basilic haché et du beurre fondu.

et au citron avec sauce tomate

Bœuf au gingembre

et feuilles de laurier

Les feuilles de laurier sont populaires dans les ragoûts de viande depuis le temps des Romains. Dans cette recette, elles sont combinées avec la racine de gingembre pour donner une casserole paysanne délicieuse, servie avec de la purée de pommes de terre ou du céleri-rave.

Donne 4 portions

Temps de préparation : 20 minutes
Temps de cuisson : 8 à 10 heures
Température de cuisson : «Minimale»
Mijoteuse de taille régulière ovale ou ronde

30 ml (2 c. à soupe) d'huile d'olive
750 g (1½ lb) de bœuf à braiser maigre, coupé en cubes
1 oignon, haché
30 ml (2 c. à soupe) de farine
450 ml (¾ chopine) de bouillon de bœuf
15 ml (1 c. à soupe) de purée de tomates
15 ml (1 c. à soupe) de vinaigre balsamique
10 ml (2 c. à thé) de sucre muscovado brun
3 feuilles de laurier
1 racine de gingembre fraîche de 4 cm (1½ po), pelée et hachée finement
Sel et poivre
Minicarottes (pour servir)

1 Préchauffer la mijoteuse, si nécessaire – voir les instructions du fabricant. Faire chauffer l'huile dans une grande poêle à frire. Ajouter tout le bœuf, quelques cubes à la fois, et faire frire à feu vif, en brassant, jusqu'à ce que la viande soit dorée uniformément. La retirer de la poêle à l'aide d'une cuillère à égoutter, et la transférer dans une assiette.

2 Ajouter l'oignon dans la poêle et faire frire pendant 5 minutes, ou jusqu'à ce qu'il ait ramolli et soit légèrement doré. Ajouter la farine, puis incorporer, en mélangeant, le bouillon, la purée de tomates, le vinaigre, le sucre, les feuilles de laurier et le gingembre. Assaisonner de sel et de poivre, et amener à ébullition.

3 Transférer le bœuf dans le récipient de la mijoteuse. Y verser le bouillon chaud, mettre le couvercle, et faire cuire à l'allure «Minimale» pendant 8 à 10 heures. Servir avec des minicarottes cuites à la vapeur, mélangées avec un peu de beurre.

Conseil

• Cette casserole serait délicieuse avec des boulettes de pâte. Les préparer, les ajouter 30 à 45 minutes avant la fin du temps de cuisson, et augmenter la température de l'allure «Minimale» à l'allure «Maximale»

Bœuf Adobo

Cette recette traditionnelle des Philippines, assaisonnée de sauce soja et de vinaigre, est aussi populaire en Espagne et à Gibraltar.

Donne 4 portions

Temps de préparation : 25 minutes
Temps de cuisson : 8 à 10 heures
Température de cuisson : «Minimale»
Mijoteuse de taille régulière ovale ou ronde

15 ml (1 c. à soupe) d'huile de tournesol
750 g (1 lb) de bœuf à braiser, le gras enlevé et coupé en dés
1 gros oignon, tranché
2 gousses d'ail, hachées finement
30 ml (2 c. à soupe) de farine
450 ml (¾ chopine) de bouillon de bœuf
60 ml (4 c. à soupe) de sauce soja
60 ml (4 c. à soupe) de vinaigre de vin ou de riz
15 ml (1 c. à soupe) de sucre semoule
2 feuilles de laurier
Jus de 1 lime
Sel et poivre
Riz (pour servir)

Pour garnir

1 carotte, coupée en julienne
½ botte de ciboules, déchiquetées
Feuilles de coriandre

1 Préchauffer la mijoteuse, si nécessaire – voir les instructions du fabricant. Faire chauffer l'huile dans une grande poêle à frire. Ajouter tout le bœuf, quelques cubes à la fois, et faire frire à feu vif, en brassant, jusqu'à ce que la viande soit dorée uniformément. La retirer de la poêle à l'aide d'une cuillère à égoutter, et la transférer dans une assiette.

2 Ajouter l'oignon dans la poêle et faire frire pendant 5 minutes, ou jusqu'à ce qu'il commence à dorer. Ajouter l'ail et faire cuire pendant 2 minutes. Ajouter la farine, puis, graduellement, mélanger le tout au bouillon. Ajouter la sauce soja, le vinaigre, le sucre, les feuilles de laurier, le sel et le poivre, et amener à ébullition, en brassant.

3 Transférer le bœuf dans le récipient de la mijoteuse. Y verser l'oignon et le mélange de bouillon. Mettre le couvercle et faire cuire à l'allure «Minimale» pendant 8 à 10 heures.

4 Incorporer le jus de lime, au goût. Servir dans des bols de riz peu profonds, et garnir avec les carottes en julienne, les ciboules déchiquetées et les feuilles de coriandre.

Agneau des Abruzzes

Les contreforts des Abruzzes, une région montagneuse du centre de l'Italie, sont populaires pour leurs plats d'agneau, particulièrement ceux qui sont cuits lentement avec de l'ail, de l'huile d'olive et des tomates.

Donne 4 à 5 portions

Temps de préparation : 30 minutes
Temps de cuisson : 8 à 10 heures
Température de cuisson : « Minimale »
Mijoteuse de taille régulière ovale ou ronde

15 ml (1 c. à soupe) d'huile d'olive
750 g (1½ lb) d'agneau maigre, de gigot ou de bifteck de
    filet, coupé en cubes
75 g (3 oz) de pancetta, coupée en dés
1 gros oignon, haché
2 gousses d'ail, hachées finement
30 ml (2 c. à soupe) de farine
300 ml (½ chopine) de bouillon de poulet ou d'agneau
15 ml (1 c. à soupe) de purée de tomates
10 ml (2 c. à thé) de sucre muscovado roux
2 à 3 brindilles de romarin
250 g (8 oz) de tomates cerises
Sel et poivre

Pour servir

Rigatonis ou pappardelles
Salade verte

1 Préchauffer la mijoteuse, si nécessaire – voir les instructions du fabricant. Faire chauffer l'huile dans une grande poêle à frire. Ajouter tout l'agneau, quelques cubes à la fois, et faire frire à feu vif, en brassant, jusqu'à ce que la viande soit dorée uniformément. La retirer de la poêle à l'aide d'une cuillère à égoutter, et la transférer dans une assiette.

2 Ajouter l'oignon et la pancetta dans la poêle et faire frire pendant 5 minutes, ou jusqu'à ce qu'ils commencent à dorer. Ajouter l'ail et faire cuire pendant 2 minutes. Ajouter la farine, puis mélanger au bouillon. Ajouter la purée de tomates, le sucre, le romarin, le sel et le poivre, et amener à ébullition, en brassant.

3 Transférer le bœuf et tout le jus dans le récipient de la mijoteuse. Verser le mélange d'oignons sur le dessus, puis ajouter les tomates entières. Mettre le couvercle et faire cuire à l'allure « Minimale » pendant 8 à 10 heures, ou jusqu'à ce que l'agneau soit tendre.

4 Verser l'agneau sur des pâtes cuites, comme des rigatonis ou des pappardelles, et accompagner d'une salade.

Conseil

- Si vous désirez, remplacer 150 ml (¼ chopine) de bouillon par la même quantité de vin rouge.

- Si vous n'avez pas de romarin frais, utilisez une petite quantité de romarin séché.

Agneau style kleftiko

Cette moelleuse moitié d'épaule d'agneau est assaisonnée de vin, de citron et de miel. Elle est si tendre qu'elle se détache presque des os lorsque vous la servez. Servez-la avec des pommes de terres bouillies ou du riz, mélangé avec du persil haché et des noix de pignon rôties.

Donne 4 portions

Temps de préparation : 25 minutes
Temps de cuisson : 7 à 8 heures
Température de cuisson : «Maximale»
Mijoteuse de taille régulière ovale

½ épaule d'agneau d'environ 900 g à 1 kg
    (1 lb 14 oz à 2 lb)
2 gousses d'ail, tranchées
15 ml (1 c. à soupe) d'huile d'olive
2 gros oignons, coupés en deux et tranchés finement
30 ml (2 c. à soupe) de farine
300 ml (½ chopine) de bouillon d'agneau
150 ml (¼ chopine) de vin blanc ou de bouillon
½ citron, tranché finement
15 ml (1 c. à soupe) de miel clair ou épais
4 à 5 brindilles de romarin, et un peu plus pour garnir
50 g (2 oz) de dattes dénoyautées, coupées en deux
40 g (1½ oz) de raisins secs
Sel et poivre

1 Préchauffer la mijoteuse, si nécessaire – voir les instructions du fabricant. Faire de petites incisions sur le dessus de l'agneau, à travers le gras jusqu'à la viande, et insérer de petites tranches d'ail dans chaque incision.

2 Faire chauffer l'huile dans une grande poêle à frire et faire frire l'agneau à feu vif jusqu'à ce qu'il soit complètement doré. Retirer l'agneau de la poêle et le transférer dans une assiette. Ajouter les oignons et les faire frire pendant 5 minutes, ou jusqu'à ce qu'ils soient dorés. Incorporer la farine, en brassant, puis ajouter le bouillon, le vin, si utilisé, les tranches de citron et le miel. Assaisonner de sel et de poivre, et amener à ébullition.

3 Mettre deux tiges de romarin dans le fond de la mijoteuse. Ajouter l'agneau, les restes du romarin, les dattes et les raisins secs, et y verser le mélange de bouillon chaud. Mettre le couvercle et faire cuire à l'allure «Maximale» pendant 7 à 8 heures. Servir dans des plats peu profonds, garni de romarin.

Conseils

- Il est préférable de faire cette recette dans une mijoteuse ovale. Vérifiez si l'épaule d'agneau s'ajuste bien à votre mijoteuse, avant de commencer.

- L'agneau se détachera tout simplement des os lorsqu'il sera cuit, alors n'essayez pas de faire de belles tranches.

Côtelettes de porc
épicées avec patates douces

Un mélange aigre-doux de patates douces en cubes, de pommes à cuire en dés et de côtelettes de porc mijotées lentement dans un mélange aromatique de piment de la Jamaïque, de cannelle et de chile.

Donne 4 portions

Temps de préparation : 30 minutes
Temps de cuisson : 7 à 8 heures
Température de cuisson : «Maximale»
Mijoteuse de taille régulière ovale ou ronde

15 ml (1 c. à soupe) d'huile d'olive
4 tranches d'épaule de porc ou de côtes levées désossées,
    environ 700 g (1 lb 7 oz)
1 oignon, haché
2 gousses d'ail, hachées finement
30 ml (2 c. à soupe) de farine
450 ml (¾ chopine) de bouillon de poulet
1 boîte de 400 g (13 oz) de tomates, hachées
2,5 ml (½ c. à thé) de piment de la Jamaïque moulu
2,5 ml (½ c. à thé) de cannelle moulue
1 gros piment chile séché (facultatif)
1 pomme à cuire d'environ 250 g (8 oz), étrognée, pelée et
    coupée en dés
2 grosses patates douces, environ 700 g (1 lb 7 oz),
    coupées en cubes de 2,5 cm (1 po)
Sel et poivre

1 Préchauffer la mijoteuse, si nécessaire – voir les instructions du fabricant. Faire chauffer l'huile dans une grande poêle à frire. Ajouter le porc et le faire frire à feu vif jusqu'à ce qu'il soit doré des deux côtés. Le retirer à l'aide d'une cuillère à égoutter, et le transférer dans une assiette.

2 Ajouter l'oignon dans la poêle et le faire frire, en brassant, pendant 5 minutes, ou jusqu'à ce qu'il soit légèrement doré. Y mélanger l'ail, puis la farine. Verser graduellement le bouillon et les tomates, puis les épices et le chile, si utilisé. Assaisonner de sel et de poivre. Amener à ébullition.

3 Mettre le porc dans le récipient de la mijoteuse. Ajouter la pomme et les patates douces, et y verser la sauce. Mettre le couvercle et faire cuire à l'allure «Maximale» pendant 7 à 8 heures. Verser dans des bols, et servir avec du pain chaud.

Conseil

• Même s'il semble y avoir beaucoup de sauce à la fin de la cuisson, c'est très important, afin que les patates douces cuisent uniformément. Servez avec des cuillères et beaucoup de pain pour tremper dans la sauce.

Porc à l'orange et

C'est une bonne casserole de tous les jours, avec son goût d'épices orientales et sa texture veloutée de sauce aux prunes. Ce porc est délicieux servi sur un lit de purée de panais.

Donne 4 portions

Temps de préparation : 20 minutes
Temps de cuisson : 8 à 10 heures
Température de cuisson : «Minimale»
Mijoteuse de taille régulière ovale ou ronde

15 ml (1 c. à soupe) d'huile de tournesol
4 tranches d'épaule de porc ou de côtes levées désossées,
    environ 700 g (1 lb 7 oz), chacune coupée en trois
1 oignon, haché
30 ml (2 c. à soupe) de farine
450 ml (¾ chopine) de bouillon de poulet
Zeste râpé de 1 orange et jus de 1 orange
45 ml (3 c. à soupe) de sauce aux prunes
30 ml (2 c. à soupe) de sauce soja
3 à 4 anis étoilés entiers
1 piment rouge frais ou séché, coupé en deux (facultatif)
Sel et poivre
Zeste d'orange râpé (pour garnir)

Pour servir

Purée de pommes de terre mélangée avec des légumes
    verts vapeur, comme des pois ou du chou

1 Préchauffer la mijoteuse, si nécessaire – voir les instructions du fabricant. Faire chauffer l'huile dans une grande poêle à frire. Ajouter les morceaux de porc et les faire frire à feu vif jusqu'à ce qu'ils soient dorés des deux côtés. Les retirer à l'aide d'une cuillère à égoutter, et transférer dans une assiette.

2 Ajouter l'oignon dans la poêle et faire frire, en brassant, pendant 5 minutes, ou jusqu'à ce qu'il soit légèrement doré. Ajouter la farine, puis incorporer le bouillon, le zeste d'orange et le jus, la sauce aux prunes, la sauce soja, les anis étoilés et le chile, si utilisé. Assaisonner de sel et de poivre, et amener à ébullition, en brassant.

3 Transférer le porc dans le récipient de la mijoteuse et y verser la sauce. Mettre le couvercle et faire cuire à l'allure «Minimale» pendant 8 à 10 heures. Servir avec une purée de pommes de terre mélangée avec des légumes verts vapeur, et garnir avec du zeste râpé d'orange.

Conseils

- Avisez les convives de ne pas manger l'anis étoilé.

- Si vous aimez l'ail, ajoutez deux gousses, hachées finement, après avoir fait frire les oignons.

- Si vous n'avez pas d'anis étoilé, utilisez un bâtonnet de cannelle, brisé en deux.

à l'anis étoilé

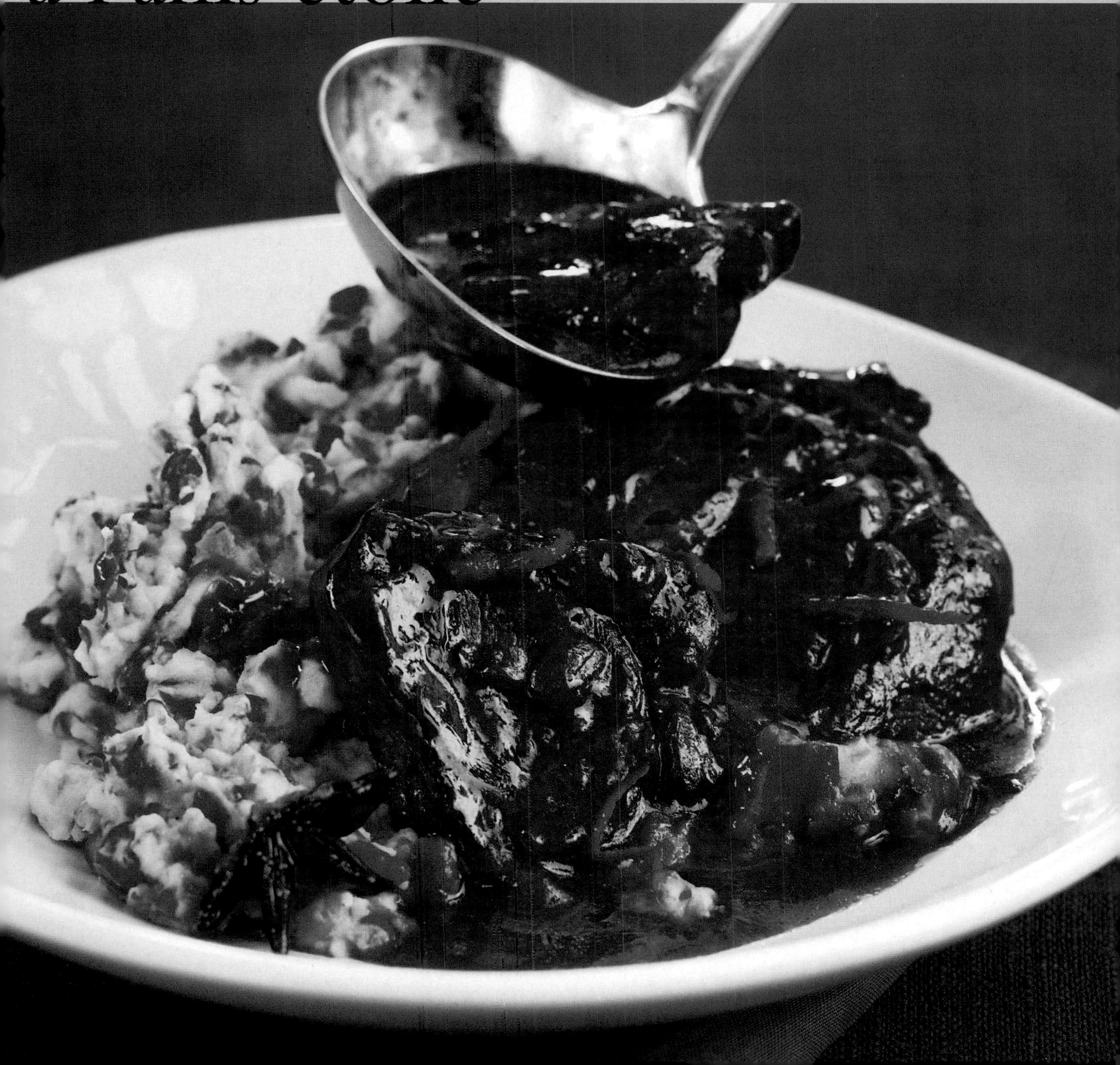

Poulet au citron

Les poitrines de poulet entières mijotent doucement, avec de l'ail et des quartiers de citron, et on y ajoute, à la fin, du pak-choï, des pois mange-tout et de la crème fraîche à la menthe. Elles sont délicieuses servies avec une salade de couscous.

Donne 4 portions

Temps de préparation : 20 minutes
Temps de cuisson : 3¼ à 4¼ heures
Température de cuisson : «Maximale»
Mijoteuse de taille régulière ovale ou ronde

15 ml (1 c. à soupe) d'huile d'olive
4 poitrines de poulet désossées sans peau, environ 550 g
     (1 lb 2 oz)
1 oignon, haché
2 gousses d'ail, hachées finement
30 ml (2 c. à soupe) de farine
450 ml (¾ chopine) de bouillon de poulet
½ citron, coupé en deux sur la longueur et coupé en
     quatre quartiers
2 pak-choï, coupés en tranches épaisses
125 g (4 oz) de pois mange-tout, tranchés en deux sur la
     longueur
60 ml (4 c. à soupe) de crème fraîche
30 ml (2 c. à soupe) d'un mélange de menthe et de persil,
     hachés
Sel et poivre
Salade de couscous (pour servir)

1 Préchauffer la mijoteuse, si nécessaire – voir les instructions du fabricant. Faire chauffer l'huile dans une grande poêle à frire. Ajouter les poitrines de poulet et les faire frire à feu vif jusqu'à ce qu'elles soient dorées des deux côtés. Les retirer de la poêle et les transférer dans une assiette. Ajouter l'oignon dans la poêle, et le faire frire pendant 5 minutes, ou jusqu'à ce qu'il soit légèrement doré.

2 Ajouter l'ail et la farine, puis ajouter le bouillon et les quartiers de citron. Assaisonner de sel et de poivre, et amener à ébullition.

3 Mettre les poitrines de poulet dans le récipient de la mijoteuse. Y verser le mélange de bouillon chaud, puis presser le poulet pour qu'il soit en dessous de la surface du liquide. Mettre le couvercle et faire cuire à l'allure «Maximale» pendant 3 à 4 heures.

4 Ajouter le pak-choï et les pois mange-tout. Faire cuire à l'allure «Maximale» pendant 15 minutes, ou jusqu'à ce qu'ils soient tendres. Retirer le poulet, le trancher, et le disposer dans les assiettes. Ajouter, en brassant, la crème fraîche et les fines herbes à la sauce, puis recouvrir le poulet avec la sauce et les légumes. Servir avec du couscous, mélangé avec une tomate, un oignon rouge et un poivron rouge, le tout haché finement.

du Cachemire

Ce plat de cari doux et délicatement parfumé baigne dans une sauce riche et crémeuse qui plaira à tous, peu importe leurs goûts. Servez-le avec du riz nature ou du pain nan chaud.

Donne 4 portions
Temps de préparation : 30 minutes
Temps de cuisson : 5 à 7 heures
Température de cuisson : «Minimale»
Mijoteuse de taille régulière ovale ou ronde

2 oignons, en quartiers
3 gousses d'ail
1 racine de gingembre de 4 cm (1½ po), pelée
1 gros piment rouge chile, coupé en deux et épépiné
8 cuisses de poulet désossées, sans peau
15 ml (1 c. à soupe) d'huile de tournesol
25 g (1 oz) de beurre
5 ml (1 c. à thé) de graines de cumin, écrasées
5 ml (1 c. à thé) de graines de fenouil, écrasées
4 gousses de cardamome, écrasées
5 ml (1 c. à thé) de paprika
5 ml (1 c. à thé) de curcuma moulu
1,2 ml (¼ c. à thé) de cannelle moulue
300 ml (½ chopine) de bouillon de poulet
15 ml (1 c. à soupe) de sucre muscovado roux
30 ml (2 c. à soupe) de purée de tomates
75 ml (5 c. à soupe) de crème à haute teneur en matières grasses
Sel

Pour garnir
30 ml (2 c. à soupe) d'amandes effilées rôties
Brindilles de coriandre

1 Préchauffer la mijoteuse, si nécessaire – voir les instructions du fabricant. Mélanger les oignons, l'ail, le gingembre et le chile dans un robot culinaire ou un mixeur, ou hacher finement.

2 Couper chaque cuisse de poulet en 4 morceaux. Faire chauffer l'huile dans une grande poêle à frire. Ajouter tout le poulet, quelques morceaux à la fois. Faire cuire à feu vif jusqu'à ce qu'il soit doré uniformément. Enlever les morceaux de poulet de la poêle à l'aide d'une cuillère à égoutter et transférer dans une assiette.

3 Mettre le beurre dans la poêle à frire. Lorsqu'il est fondu, ajouter le mélange d'oignons. Faire cuire à feu moyen jusqu'à ce qu'il commence à colorer. Ajouter, en mélangeant, les graines écrasées, les gousses de cardamome écrasées et les épices moulues. Faire cuire pendant 1 minute, puis y verser le bouillon, le sucre, la purée de tomates et le sel. Amener à ébullition, en brassant.

4 Transférer le poulet dans le récipient de la mijoteuse. Y verser le mélange d'oignons et la sauce, et presser les morceaux de poulet pour qu'ils soient recouverts de liquide. Mettre le couvercle et faire cuire à l'allure «Minimale» pendant 5 à 7 heures.

5 Incorporer la crème. Garnir avec les amandes rôties et les brindilles de coriandre.

Fricadelles

Ces boulettes de viande danoises, cuites dans une sauce moutarde jaune, peuvent être préparées avec du porc haché au lieu de la dinde. Servez-les dans des bols peu profonds avec une purée de pommes de terre crémeuse ou du céleri-rave, un accompagnement de cornichons à l'aneth coupés en dés et une cuillère pour la délicieuse sauce..

Donne 4 portions

Temps de préparation : 30 minutes
Temps de cuisson : 6 à 8 heures
Température de cuisson : «Minimale»
Mijoteuse de taille régulière ovale ou ronde

Boulettes de viande

1 oignon, haché finement
500 g (1 lb) de dinde hachée
50 g (2 oz) de chapelure de pain blanc frais
1 jaune d'œuf
15 ml (1 c. à soupe) d'huile de tournesol
Sel et poivre
Purée de pommes de terre (pour servir)
Brindilles de persil plat (pour garnir)

Sauce

50 g (2 oz) de beurre
1 oignon, haché finement
40 g (1½ oz) de farine
600 ml (1 chopine) de bouillon de poulet
15 ml (3 c. à thé) de moutarde suédoise douce ou de Dijon
2,5 ml (½ c. à thé) de curcuma moulu

1 Préchauffer la mijoteuse, si nécessaire – voir les instructions du fabricant. Préparer les boulettes de viande. Mélanger l'oignon, la chapelure, le jaune d'œuf et beaucoup de sel et de poivre dans un bol à mélanger. Avec les mains mouillées, former 20 petites boulettes avec le mélange.

2 Faire chauffer l'huile dans une grande poêle à frire. Ajouter les boulettes de viande et faire cuire à feu vif, en les tournant jusqu'à ce qu'elles soient dorées uniformément. Les enlever à l'aide d'une cuillère à égoutter, et transférer dans une assiette.

3 Préparer la sauce. Faire fondre le beurre dans une poêle à frire propre. Ajouter l'oignon et faire frire doucement pendant 5 minutes jusqu'à ce qu'il ait ramolli. Y mélanger la farine, puis, graduellement, verser le bouillon. Amener à ébullition, en brassant, jusqu'à ce qu'il soit lisse. Incorporer la moutarde et le curcuma, et assaisonner de sel et de poivre.

4 Transférer les boulettes de viande dans le récipient de la mijoteuse. Y verser la sauce, puis mettre le couvercle, et faire cuire à l'allure «Minimale» pendant 6 à 8 heures. Servir avec de la purée de pommes de terre, et garnir de persil plat.

Poulet piquant au tamarin

Dans cette recette épicée, on retrouve un mélange de pulpe sucrée et piquante, des gousses de tamarin avec du piment chile, de l'ail, de la cassonade et du curcuma moulu, pour donner un plat velouté et délicieux.

Donne 4 portions

Temps de préparation : 30 minutes
Temps de cuisson : 8 à 10 heures
Température de cuisson : «Minimale»
Mijoteuse de taille régulière ovale ou ronde

8 cuisses de poulet désossées sans peau, environ 1 kg (2 lb)
15 ml (1 c. à soupe) d'huile de tournesol
1 oignon, haché
1 poivron rouge, épépiné, étrogné et haché
1 piment rouge chile, coupé en deux, étrogné et haché
   (avec ou sans les graines)
2 gousses d'ail, hachées finement
15 ml (1 c. à soupe) de pâte de tamarin
15 ml (1 c. à soupe) de cassonade foncée
5 ml (1 c. à thé) de curcuma moulu
30 ml (2 c. à soupe) de farine
450 ml (¾ chopine) de bouillon de poulet
Sel et poivre
Brindilles de coriandre (pour garnir)
Riz bouilli (pour servir)

1 Préchauffer la mijoteuse, si nécessaire – voir les instructions du fabricant. Couper les cuisses de poulet en morceaux. Faire chauffer l'huile dans une grande poêle à frire. Ajouter tout le poulet, quelques morceaux à la fois. Faire frire à feu élevé jusqu'à ce que le poulet commence à dorer. Transférer dans une assiette.

2 Ajouter l'oignon à la poêle, et le faire frire jusqu'à ce qu'il soit légèrement doré. Incorporer, en brassant, le poivron rouge, le chile et l'ail, et faire cuire pendant 2 minutes. Ajouter le tamarin, la cassonade et le curcuma, et faire cuire pendant 1 minute encore. Incorporer la farine, puis ajouter graduellement le bouillon. Assaisonner, au goût, de sel et de poivre, et amener à ébullition.

3 Déposer le poulet dans le récipient de la mijoteuse. Y verser les oignons et le mélange de bouillon, couvrir, et faire cuire à l'allure «Minimale» pendant 8 à 10 heures. Servir dans des petits bols, garnir de brindilles de coriandre, et accompagner de riz bouilli.

Conseil

• Le goût des piments varie beaucoup en intensité. On a utilisé ici les plus gros piments rouges, mais si vous voulez un goût plus piquant, ajoutez les graines. Si vous désirez des aliments très épicés, utilisez un petit piment rouge thaïlandais ou un piment rond scotch bonnet.

Lentilles piquantes avec chermoula

Ce plat de lentilles est aussi délicieux servi froid en salade, comme garniture avec des feuilles de roquette pour farcir des pains pitas, ou chaud avec des pitas cuits sur le gril. Vous voudrez peut-être aussi l'essayer sur des pommes de terre cuites au four.

Donne 4 portions

Temps de préparation : 30 minutes
Temps de cuisson : 7 à 9 heures
Température de cuisson : «Minimale»
Mijoteuse de taille régulière ovale ou ronde

15 ml (1 c. à soupe) d'huile d'olive
1 gros oignon, haché grossièrement
3 poivrons (rouge, orange et jaune), épépinés, étrognés et
 hachés
2 gousses d'ail, hachées finement
1 boîte de 400 g (13 oz) de tomates, hachées
300 ml (½ chopine) de bouillon de légumes
15 ml (1 c. à soupe) de purée de tomates
1 piment rouge, séché ou frais, coupé en deux
150 g (5 oz) de lentilles du Puy
Sel et poivre
Pain pita cuit sur le gril (pour servir)

Chermoula

30 ml (2 c. à soupe) de coriandre ou de persil, haché
2 gousses d'ail, hachées finement
2,5 ml (½ c. à thé) de graines de cumin, écrasées
 grossièrement
2,5 ml (½ c. à thé) de graines de coriandre, écrasées
 grossièrement
Zeste râpé et jus de 1 lime

1 Préchauffer la mijoteuse, si nécessaire – voir les instructions du fabricant. Faire chauffer l'huile dans une grande poêle à frire. Ajouter l'oignon et le faire frire pendant 5 minutes, ou jusqu'à ce qu'il soit légèrement doré.

2 Ajouter les poivrons et l'ail, et faire frire pendant 2 minutes. Incorporer les tomates, le bouillon, la purée de tomates, le chile, le sel et le poivre, et amener à ébullition.

3 Mettre les lentilles dans le récipient de la mijoteuse. Ajouter le mélange de tomates et poivrons pour couvrir les lentilles. Mettre le couvercle et faire cuire à l'allure «Minimale» pendant 7 à 9 heures, ou jusqu'à ce que les lentilles soient tendres.

4 Préparer la chermoula. Mettre tous les ingrédients dans un petit bol et mélanger. À l'aide d'une cuillère, déposer le mélange de lentilles dans des bols peu profonds, garnir de cuillerées de chermoula, et servir avec du pain pita grillé.

Dum aloo

Pour un repas santé sans viande, servez ce cari aux pommes de terre nouvelles épicées et aux épinards, avec des lentilles dhal et du riz nature, ou du pain nan chaud.

Donne 4 portions

Temps de préparation : 15 minutes
Temps de cuisson : 6¼ à 7¼ heures
Température de cuisson : «Maximale»
Mijoteuse de taille régulière ovale ou ronde

30 ml (2 c. à soupe) d'huile de tournesol
1 gros oignon, tranché
5 ml (1 c. à thé) de graines de cumin, écrasées
4 gousses de cardamome, écrasées
5 ml (1 c. à thé) de graines d'oignons noirs (facultatif)
5 ml (1 c. à thé) de curcuma moulu
2,5 ml (½ c. à thé) de cannelle moulue
1 racine de gingembre fraîche de 2,5 cm (1 po), pelée et hachée finement
1 boîte de 400 g (13 oz) de tomates, hachées
300 ml (½ chopine) de bouillon de légumes
5 ml (1 c. à thé) de sucre semoule
750 g (1½ lb) de petites pommes de terre nouvelles
100 g (3½ oz) de jeunes feuilles d'épinards
Sel et poivre
Feuilles de coriandre (pour garnir)

1 Préchauffer la mijoteuse, si nécessaire – voir les instructions du fabricant. Faire chauffer l'huile dans une grande poêle à frire. Ajouter l'oignon et faire frire, en brassant, pendant 5 minutes, ou jusqu'à ce qu'il soit légèrement doré.

2 Ajouter, en mélangeant, les graines de cumin, les gousses de cardamome et ses graines, les graines d'oignon, si utilisées, les épices et le gingembre moulu. Faire cuire pendant 1 minute, puis incorporer les tomates, le bouillon et le sucre. Assaisonner de sel et de poivre. Amener à ébullition, en brassant.

3 Couper les pommes de terre en tranches épaisses ou en deux (si elles sont petites) de façon à ce que tous les morceaux soient de la même taille. Transférer dans le récipient de la mijoteuse et y verser la sauce.

4 Mettre le couvercle et faire cuire à l'allure «Maximale» pendant 6 à 7 heures, ou jusqu'à ce que les pommes de terre soient tendres. Ajouter les épinards, et faire cuire à l'allure «Maximale» pendant encore 15 minutes jusqu'à ce qu'ils soient affaissés. Remuer le cari et le servir saupoudré de feuilles de coriandre déchiquetées.

Conseil

• Si vous aimez les caris piquants, ajoutez un piment rouge frais, haché, ou de la poudre de piment séché, à l'étape 2.

Courge au cari rouge

Des cubes de courge musquée dorée, des petites pommes de terre nouvelles et des carottes mijotent dans une sauce crémeuse au lait de noix de coco, légèrement épicée, avec une pâte de cari thaïlandais, de l'ail et de la sauce soja.

Donne 4 portions

Temps de préparation : 25 minutes
Temps de cuisson : 7 à 8 heures
Température de cuisson : «Minimale» et «Maximale»
Mijoteuse de taille régulière ovale ou ronde

15 ml (1 c. à soupe) d'huile de tournesol
1 oignon, haché
20 ml (4 c. à thé) de pâte de cari rouge thaïlandais
2 gousses d'ail, hachées finement
1 boîte de 400 ml (14 oz) de lait de noix de coco à faible
 teneur en gras
300 ml (½ chopine) de bouillon de légumes
15 ml (1 c. à soupe) de sauce thaïlandaise de poisson
 (facultatif)
15 ml (1 c. à soupe) de sauce soja
1 courge musquée d'environ 700 g (1 lb 7 oz), les graines
 enlevées, pelée et coupée en morceaux
250 g (8 oz) de petites pommes de terres nouvelles,
 coupées en tranches épaisses
250 g (8 oz) de carottes, coupées en tranches minces
Brindilles de coriandre ou de basilic (facultatif)
125 g (4 oz) de nouilles de riz moyennes

1 Préchauffer la mijoteuse, si nécessaire – voir les instructions du fabricant. Faire chauffer l'huile dans une grande poêle à frire. Ajouter l'oignon et le faire frire, en brassant, pendant 5 minutes, ou jusqu'à ce qu'il soit légèrement doré. Ajouter la pâte de cari et l'ail, et faire cuire pendant 1 minute. Ajouter, en brassant, le lait de noix de coco, le bouillon, la sauce de poisson, si utilisée, et la sauce soja. Amener à ébullition, en brassant.

2 Mettre la courge musquée, les pommes de terre et les carottes dans le récipient de la mijoteuse. Y verser la sauce, et presser les légumes dans le liquide. Mettre le couvercle, et faire cuire à l'allure «Minimale» pendant 7 à 8 heures, ou jusqu'à ce que les légumes soient tendres. Juste avant la fin de la cuisson, ajouter les fines herbes au récipient, si utilisées, et bien mélanger.

3 Mettre les nouilles dans un bol peu profond. Couvrir d'eau bouillante et les laisser tremper pendant 4 à 5 minutes, ou les faire cuire selon les instructions sur l'emballage.

4 Égoutter les nouilles, et les diviser entre les bols. À l'aide d'une cuillère, y mettre le cari, et servir.

Conseils

• Assurez-vous que tous les morceaux de pommes de terre sont de la même taille, pour qu'ils cuisent de façon uniforme.

• N'ajoutez pas de sauce de poisson si vous servez ce plat à des végétariens.

thaïlandais

Ragoût marocain

aux 7 légumes

Le chiffre 7 est un signe de chance, dans la culture marocaine. Ce plat est une bonne façon d'encourager votre famille à manger beaucoup de légumes sains.

Donne 4 portions

Temps de préparation : 25 minutes
Temps de cuisson : 6¼ à 8⅓ heures
Température de cuisson : «Minimale» et «Maximale»
Mijoteuse de taille régulière ovale ou ronde

30 ml (2 c. à soupe) d'huile d'olive
1 gros oignon, haché
2 carottes
300 g (10 oz) de chou-navet blanc
1 poivron rouge, épépiné, étrogné et haché
3 gousses d'ail, hachées finement
200 g (7 oz) de fèves congelées
1 boîte de 400 g (13 oz) de tomates, hachées
15 ml (3 c. à thé) de harissa (pâte de chile)
5 ml (1 c. à thé) de curcuma moulu
1 racine de gingembre frais de 2 cm (¾ po), pelée et
    hachée finement
250 ml (8 oz) de bouillon de légumes
125 g (4 oz) d'okra, en tranches épaisses
Sel et poivre
Feuilles de menthe, pour garnir (facultatif)
Couscous (pour servir)

1 Préchauffer la mijoteuse, si nécessaire – voir les instructions du fabricant. Faire chauffer l'huile dans une grande poêle à frire. Ajouter l'oignon et le faire frire, en brassant, pendant 5 minutes, ou jusqu'à ce qu'il soit légèrement doré.

2 Ajouter les carottes, le chou-navet blanc, le poivron rouge, l'ail, les fèves et les tomates. Ajouter, en mélangeant, la harissa, le curcuma et le gingembre, puis verser le bouillon, et assaisonner de sel et de poivre. Amener à ébullition, en brassant.

3 À l'aide d'une cuillère, mettre le mélange dans le récipient de la mijoteuse et presser les légumes sous la surface du bouillon. Mettre le couvercle et faire cuire à l'allure «Minimale» pendant 6 à 8 heures, ou jusqu'à ce que les légumes racines soient tendres.

4 Ajouter l'okra, mettre le couvercle, et faire cuire à l'allure «Maximale» pendant 15 à 20 minutes, ou jusqu'à ce que l'okra soit tendre, mais encore d'un vert vif. Garnir avec des feuilles de menthe déchiquetées, si utilisées, et servir avec du couscous qui a trempé dans l'eau bouillante et assaisonné d'huile d'olive, de jus de citron et de raisins de Smyrne.

Conseils

- La harissa, une pâte faite de chile, d'huile, d'ail et de coriandre, est facile à trouver dans les supermarchés.

- Coupez les carottes et le chou-navet blanc en morceaux de la même taille pour que la cuisson soit uniforme.

Pilaf épicé aux dattes

Ce pilaf fait un plat principal intéressant pour les végétariens. Mais vous pouvez le servir avec du poulet rôti ou des brochettes de poulet cuites sur le barbecue.

Donne 4 portions

Temps de préparation : 15 minutes
Temps de cuisson : 2 à 2¼ heures
Température de cuisson : «Minimale»
Mijoteuse de taille régulière ovale ou ronde

50 g (2 oz) de beurre
1 oignon, haché finement
2 gousses d'ail, hachées finement
1 bâtonnet de cannelle, coupé en deux
6 gousses de cardamome, écrasées
4 clous de girofle entiers
1 feuille de laurier
5 ml (1 c. à thé) de curcuma moulu
250 g (8 oz) de riz brun à longs grains à cuisson rapide
750 ml (1¼ chopine) de bouillon de légumes, chaud
50 g (2 oz) de dattes dénoyautées, hachées
50 g (2 oz) de raisins secs
Sel et poivre

1 Préchauffer la mijoteuse, si nécessaire – voir les instructions du fabricant. Faire chauffer le beurre dans une poêle à frire. Ajouter l'oignon et faire frire doucement, en brassant, pendant 5 minutes, ou jusqu'à ce qu'il soit ramolli.

2 Ajouter, en mélangeant, l'ail, la cannelle, les gousses de cardamome et les graines, les clous de girofle et la feuille de laurier. Faire cuire pendant 1 minute, puis y ajouter le curcuma et le riz, et faire cuire pendant 1 minute encore.

3 Transférer le mélange dans le récipient de la mijoteuse et y verser le bouillon chaud. Ajouter les fruits secs, et assaisonner de sel et de poivre. Bien mélanger et mettre le couvercle.

4 Faire cuire le pilaf à l'allure «Minimale» pendant 2 à 2¼ heures, ou jusqu'à ce que le riz soit tendre et qu'il ait absorbé presque tout le bouillon. Mélanger et servir dans les assiettes.

Ragoût de légumes
d'hiver à la bière

Donne 4 portions

Temps de préparation : 30 minutes

Temps de cuisson : 9¼ à 10¼ heures

Température de cuisson : «Minimale» et «Maximale»

Mijoteuse de taille régulière ovale ou ronde

15 g + 25 g (½ oz + 1 oz) de beurre

15 ml (1 c. à soupe) d'huile de tournesol

200 g (7 oz) d'échalotes, coupées en deux

1 poireau, tranché finement (garder les tranches blanches séparées des tranches vertes)

25 g (1 oz) de farine

325 ml (11 oz) de bière à fermentation basse

300 ml (½ chopine) de bouillon de légumes

15 ml (3 c. à thé) de moutarde à l'ancienne

375 g (12 oz) de chou-navet blanc

375 g (12 oz) de panais

375 g (12 oz) de carottes

1 feuille de pâte feuilletée d'environ 200 g (7 oz), décongelée si congelée

1 œuf, battu (pour badigeonner)

100 g (3½ oz) de cheddar fort, râpé

Sel et poivre

1 Préchauffer la mijoteuse, si nécessaire – voir les instructions du fabricant. Faire chauffer 15 g (½ oz) de beurre et l'huile dans une grande poêle à frire. Ajouter les échalotes et les tranches de poireau blanches, et faire frire jusqu'à ce qu'elles soient légèrement dorées. À l'aide d'une cuillère à égoutter, transférer les oignons et le poireau dans une assiette.

2 Faire fondre le reste du beurre et y mélanger la farine. Ajouter graduellement la bière et le bouillon. Incorporer, en mélangeant, la moutarde. Assaisonner de sel et de poivre, et amener à ébullition, tout en brassant.

3 Couper les légumes racines en dés de 2 cm (¾ po), et les mettre dans le récipient de la mijoteuse. Ajouter les échalotes et les poireaux frits, et y verser la bière. Presser les légumes pour qu'ils soient en dessous de la surface du liquide. Mettre le couvercle et faire cuire à l'allure «Minimale» pendant 9 à 10 heures.

4 Dérouler la feuille de pâte feuilletée, la couper en 4, et la transférer sur une plaque à cuisson huilée. La badigeonner avec l'œuf et saupoudrer d'un peu de fromage. La faire cuire dans un four préchauffé à 200 °C (400 °F), au gaz niveau 6, pendant 12 à 15 minutes, ou jusqu'à ce qu'elle soit levée et dorée. Ajouter, en mélangeant, le reste du fromage et les tranches de poireau vertes dans le récipient de la mijoteuse. Faire cuire à l'allure «Maximale» pendant 15 minutes.

5 À l'aide d'une cuillère, mettre les légumes dans les bols, et y déposer un morceau de pâte feuilletée.

Haricots variés avec

Ce festin végétarien à l'ail rouge rubis est garni de pain français grillé, de feta émietté et de romarin.

Donne 4 portions

Temps de préparation : 20 minutes
Temps de cuisson : 6 à 8 heures
Température de cuisson : «Minimale»
Mijoteuse de taille régulière ovale ou ronde

15 ml (1 c. à soupe) d'huile d'olive
1 oignon, haché
5 petites betteraves non cuites, environ 500 g (1 lb), parées,
   pelées et coupées en cubes de 1 cm (½ po)
2 carottes, environ 200 g (7 oz), coupées en dés
2 gousses d'ail, hachées finement
450 ml (¾ chopine) de bouillon de poulet ou de légumes
200 g (7 oz) de chou rouge, étrogné et râpé
1 boîte de 410 g (13¼ oz) de haricots variés, égouttés
1 feuille de laurier
30 ml (2 c. à soupe) de vinaigre de vin rouge
15 ml (1 c. à soupe) de sucre semoule
Sel et poivre

Garniture

12 tranches minces de baguette française
150 g (5 oz) de feta, égoutté
15 ml (1 c. à soupe) de feuilles de romarin, hachées
   finement
30 ml (2 c. à soupe) d'huile d'olive

1 Préchauffer la mijoteuse, si nécessaire – voir les instructions du fabricant. Faire chauffer l'huile dans une grande poêle à frire. Ajouter l'oignon et le faire frire, en brassant, pendant 5 minutes, ou jusqu'à ce qu'il soit légèrement doré. Ajouter, en mélangeant, les betteraves, les carottes et l'ail, et faire cuire pendant 3 minutes. Y verser le bouillon, et amener à ébullition.

2 Transférer le mélange de betteraves dans le récipient de la mijoteuse. Ajouter le chou rouge, les haricots égouttés et la feuille de laurier. Assaisonner, au goût, de sel et de poivre. Presser les légumes pour qu'ils soient en dessous de la surface du liquide. Mettre le couvercle et faire cuire à l'allure «Minimale» pendant 6 à 8 heures, ou jusqu'à ce que les betteraves soient cuites.

3 Ajouter, en brassant, le vinaigre et le sucre, et replacer le couvercle. Continuer la cuisson jusqu'au moment de servir.

4 Pendant ce temps, préparer le pain grillé. Faire griller les tranches de pain sous le gril de la cuisinière jusqu'à ce qu'elles soient légèrement dorées des deux côtés. Émietter le fromage sur le dessus de chaque tranche, et les saupoudrer de romarin et d'un peu de poivre noir. Bien presser sur les tranches avec le dos d'une fourchette. Arroser d'huile et faire griller quelques minutes encore, ou jusqu'à ce que les tranches soient chaudes. Déposer le pain grillé sur le mélange de betteraves, lever le récipient de la mijoteuse, et le transférer sur la table.

Conseil

• D'autres choix délicieux pour garnir le pain grillé seraient de l'ail et du fromage à la crème aux fines herbes, ou du fromage Stilton émietté.

pain grillé au feta et romarin

Lentilles braisées

Ce plat principal végétarien consistant est préparé avec trois types de champignons qui ont mijoté avec des lentilles du Puy dans une sauce tomate. Servez-les avec une polenta tendre au beurre et une salade de roquette.

Donne 4 portions

Temps de préparation : 25 minutes
Temps de cuisson : 6 à 8 heures
Température de cuisson : «Minimale»
Mijoteuse de taille régulière ovale ou ronde

30 ml (2 c. à soupe) d'huile d'olive, et un peu plus pour servir
1 gros oignon, haché
3 gousses d'ail, hachées finement
1 boîte de 400 g (13 oz) de tomates, hachées
300 ml (½ chopine) de bouillon de légumes
150 ml (¼ chopine) de vin rouge (ou plus de bouillon)
15 ml (1 c. à soupe) de purée de tomates
10 ml (2 c. à thé) de sucre semoule
Sel et poivre
125 g (4 oz) de lentilles du Puy
375 g (12 oz) de champignons de Paris, coupés en deux ou en quatre (selon la taille)
125 g (4 oz) de shiitakés, coupés en deux (s'ils sont gros)
4 gros agarics champêtres, environ 250 g (8 oz), entiers
Polenta frite (pour servir)

Pour garnir

Feuilles de roquette
Copeaux de parmesan

1 Préchauffer la mijoteuse, si nécessaire – voir les instructions du fabricant. Faire chauffer l'huile dans une grande poêle à frire. Ajouter l'oignon et le faire frire, en brassant, pendant 5 minutes, ou jusqu'à ce qu'il soit légèrement doré. Ajouter, en mélangeant, l'ail, les tomates, le bouillon, le vin, si utilisé, la purée de tomates et le sucre. Assaisonner de sel et de poivre. Ajouter les lentilles du Puy, et amener à ébullition.

2 Mettre les champignons dans le récipient de la mijoteuse, puis y verser le mélange des lentilles. Mettre le couvercle et faire cuire à l'allure «Minimale» pendant 6 à 8 heures, en brassant une fois si possible.

3 Garnir avec les feuilles de roquette, mélangées avec les copeaux de parmesan et d'un peu d'huile d'olive, et servir avec des rondelles de polenta frite.

Conseil

• Les champignons rempliront complètement le récipient de la mijoteuse, lorsque vous les ajouterez, mais en cuisant, ils perdront de leur volume et mijoteront doucement dans la sauce.

aux trois champignons

Dîners
complets

Morue avec risotto

Les longes de morue substantielles sont cuites sur un délicat mélange parfumé de risotto et de grains de riz sauvage noir, pour un repas décontracté à partager avec des amis.

Donne 4 portions

Temps de préparation : 25 minutes
Temps de cuisson : 1¾ à 2 heures
Température de cuisson : «Minimale»
Mijoteuse de taille régulière ovale ou ronde

25 g (1 oz) de beurre
15 ml (1 c. à soupe) d'huile d'olive
1 oignon, haché
2 gousses d'ail, hachées finement
40 g (1½ oz) de riz sauvage
250 g (8 oz) de riz pour risotto
2 bonnes pincées de safran
Zeste râpé de 1 citron
1,2 l (2 chopines) de bouillon de légumes ou de fumet de
    poisson, chaud
2 grosses longes de morue, environ 500 g (1 lb)
Sel et poivre
Feuilles de basilic (pour garnir)

1 Préchauffer la mijoteuse, si nécessaire – voir les instructions du fabricant. Faire chauffer l'huile dans une grande poêle à frire. Ajouter l'oignon et le faire frire doucement pendant 5 minutes, ou jusqu'à ce qu'il soit ramolli, mais non coloré. Ajouter l'ail en brassant et faire cuire pendant 2 minutes.

2 Ajouter, en mélangeant, le riz sauvage, le riz pour risotto, le safran et le zeste de citron. Y verser le bouillon, et amener à ébullition.

3 Verser le mélange de riz dans le récipient de la mijoteuse. Assaisonner, au goût, de sel et de poivre, et ajouter la morue en la pressant juste sous la surface du bouillon. Mettre le couvercle et faire cuire à l'allure «Minimale» pendant 1¾ à 2 heures, ou jusqu'à ce que le riz soit cuit et ait absorbé presque tout le bouillon.

4 Séparer les longes de morue en deux, et mettre le riz et le poisson dans des bols peu profonds à l'aide d'une cuillère. Saupoudrer de feuilles de basilic, et servir immédiatement.

Conseils

• Vous pouvez ajouter 150 ml (¼ chopine) de vin blanc sec au lieu de la même quantité de bouillon.

• N'utilisez pas de cubes de bouillon très assaisonnés, car ils masqueront la délicate saveur du safran. Un cube de bouillon dissout dans 1,2 l (2 chopines) d'eau bouillante donnera assez de saveur.

• N'attendez pas trop longtemps avant de servir le risotto, car il deviendra très collant.

de riz sauvage au safran

Ragoût d'agneau

Ce traditionnel ragoût rempli de saveur est cuit dans le porto rubis avec des canneberges séchées. Alors que la mijoteuse ne fera pas dorer les pommes de terre, vous pouvez mettre le récipient dans le four sous le gril de la cuisinière pendant quelques minutes avant de servir, si votre mijoteuse va au four.

Donne 4 portions

Temps de préparation : 35 minutes
Temps de cuisson : 7 à 8 heures
Température de cuisson : «Maximale»
Mijoteuse de taille régulière ovale ou ronde

15 ml (1 c. à soupe) d'huile de tournesol
6 côtelettes d'agneau, environ 750 g (1½ lb), coupées
    en deux
1 oignon, haché
125 g (4 oz) de champignons de Paris, tranchés
30 ml (2 c. à soupe) de farine
450 ml (¾ chopine) de bouillon d'agneau
125 ml (4 oz) de porto rubis
15 ml (1 c. à soupe) de purée de tomates
15 ml (1 c. à soupe) de sauce aux canneberges
25 g (1 oz) de canneberges séchées (facultatif)
700 g (1 lb 7 oz) de pommes de terre pour cuire au four,
    coupées en tranches minces
Sel et poivre
Persil haché, pour garnir (facultatif)

1 Préchauffer la mijoteuse, si nécessaire – voir les instructions du fabricant. Faire chauffer l'huile dans une grande poêle à frire. Ajouter l'agneau et le faire frire à feu vif jusqu'à ce qu'il soit doré des deux côtés. Retirer de la poêle à l'aide d'une cuillère à égoutter, et transférer dans une assiette.

2 Ajouter l'oignon dans la poêle et faire frire, en brassant, pendant 5 minutes, ou jusqu'à ce qu'il soit légèrement doré. Ajouter les champignons et faire cuire pendant 2 minutes. Ajouter la farine, puis ajouter graduellement le bouillon et le porto. Incorporer la purée de tomates, la sauce aux canneberges et les canneberges séchées, si utilisées. Assaisonner, au goût, de sel et de poivre. Amener à ébullition, en brassant.

3 Mettre les morceaux d'agneau dans le fond du récipient de la mijoteuse, y verser la sauce chaude, et déposer les pommes de terre tranchées sur le dessus, en faisant se chevaucher les pommes de terre en deux étages. Presser doucement les pommes de terre dans la sauce, mettre le couvercle, et faire cuire à l'allure «Maximale» pendant 7 à 8 heures, ou jusqu'à ce que l'agneau et les pommes de terre soient tendres. Saupoudrer de persil, si désiré. À l'aide d'une cuillère, déposer dans les bols.

Conseil

• Avec le gril du four, vous voudrez peut-être faire dorer vos pommes de terre avant de servir. Parsemez-les de noisettes de beurre, et transférez le récipient de la mijoteuse dans le four pendant 4 à 5 minutes, si votre mijoteuse va au four.

Jambon glacé avec purée de pois cassés

Donne 4 portions

Temps de préparation : 30 minutes, plus le temps de trempage
Temps de cuisson : 6 à 7 heures
Température de cuisson : «Maximale»
Mijoteuse de taille régulière ovale

1,25 kg (2½ lb) de jambon fumé, désossé
200 g (7 oz) de pois cassés jaunes
1 gros oignon, haché grossièrement
2 carottes, tranchées
5 clous de girofle
2 feuilles de laurier
1,2 l (2 chopines) d'eau

Pour glacer

10 ml (2 c. à thé) de moutarde de Dijon
30 ml (2 c. à soupe) de sirop d'érable

1 Mettre le jambon fumé dans un bol, le couvrir d'eau froide, et le mettre au réfrigérateur. Mettre les pois cassés dans un autre bol, les couvrir d'eau froide, et les laisser à la température ambiante. Laisser tremper les deux toute la nuit.

2 Préchauffer la mijoteuse, si nécessaire – voir les instructions du fabricant. Égoutter les pois et les mettre dans une casserole avec l'oignon, les carottes, les clous de girofle, les feuilles de laurier et l'eau mesurée. Amener à ébullition, et faire bouillir rapidement pendant 10 minutes, en écumant au besoin.

3 Égoutter le jambon fumé et le mettre dans le récipient de la mijoteuse. Y verser l'eau et le mélange de pois, mettre le couvercle, et faire cuire à l'allure «Maximale» pendant 6 à 7 heures, ou jusqu'à ce que les pois et le jambon soient tendres.

4 Retirer le jambon du récipient, le mettre dans une poêle à fond cannelé et enlever la couenne. Étendre la moutarde sur le gras, puis arroser de sirop d'érable. Faire cuire sous le gril jusqu'à ce que le gras soit doré.

5 Pendant ce temps, égoutter presque tout le bouillon des pois, mais réserver le liquide. Réduire les pois en purée, et les mettre dans les assiettes. Trancher le jambon fumé et le déposer sur la purée, puis servir avec le bouillon de jambon réservé, si désiré.

Conseil

• Si vous n'avez pas de sirop d'érable, vous pouvez utiliser du miel pour glacer le jambon.

Bigos

Populaire en Europe de l'Est, cette casserole de porc est préparée avec de la choucroute, du paprika et des graines de carvi, puis elle est servie avec des morceaux de porc, des saucisses de porc fumées et des cornichons marinés.

Donne 4 portions

Temps de préparation : 30 minutes
Temps de cuisson : 8 à 10 heures
Température de cuisson : «Minimale»
Mijoteuse de taille régulière ovale ou ronde

625 g (1¼ lb) de poitrines de porc maigres
15 ml (1 c. à soupe) d'huile de tournesol
1 gros oignon, haché grossièrement
5 ml (1 c. à thé) de paprika
5 ml (1 c. à thé) de graines de carvi
1 boîte de 400 g (13 oz) de tomates, hachées
450 ml (¾ chopine) de bouillon de poulet
2 pommes à couteau, étrognées et coupées en dés
    (avec la peau)
225 g (7½ oz) de saucisses de porc fumées, coupées en
    tranches épaisses
150 g (5 oz) de cornichons à l'aneth marinés, égouttés et
    coupés en tranches épaisses
375 g (12 oz) de choucroute, égouttée
Sel et poivre
Pain (pour servir)

1 Préchauffer la mijoteuse, si nécessaire – voir les instructions du fabricant. Enlever la couenne du porc et couper la viande en dés. Faire chauffer l'huile dans une grande poêle à frire. Ajouter l'oignon et le porc, et faire frire jusqu'à ce qu'ils soient légèrement dorés.

2 Ajouter, en mélangeant, le paprika et les graines de carvi, puis les tomates et le bouillon. Assaisonner, au goût, de sel et de poivre, et amener à ébullition, tout en brassant.

3 Mettre les pommes, les saucisses et les cornichons dans le récipient de la mijoteuse. Y verser le porc et le mélange d'oignons, puis ajouter la choucroute. Mettre le couvercle, et faire cuire à l'allure «Minimale» pendant 8 à 10 heures.

4 Mélanger et mettre dans des bols peu profonds. Servir avec du pain et des cuillères pour la sauce.

Conseil

- La saucisse de porc, souvent en forme de fer à cheval, est connue sous le nom de «saucisse fumée de porc en boucle». Si vous ne pouvez pas en trouver, vous pouvez utiliser une saucisse épicée, comme la cabanos.

Rôti de pintade braisée

Donne 4 portions

Temps de préparation : 30 minutes
Temps de cuisson : 5¼ à 6¼ heures
Température de cuisson : «Maximale»
Mijoteuse de taille régulière ovale

15 ml (1 c. à soupe) d'huile d'olive
25 g (1 oz) de beurre
1 pintade d'environ 1 kg (2 lb)
1 gros oignon, coupé en petits quartiers
2 poireaux, coupés en tranches épaisses (garder les tranches
    blanches séparées des tranches vertes)
2 gousses d'ail, hachées finement
200 ml (7 oz) de vin blanc sec
10 ml (2 c. à thé) de moutarde de Dijon
500 g (1 lb) de petites pommes de terre nouvelles, coupées
    en tranches épaisses
200 g (7 oz) de carottes, tranchées
900 ml (1½ chopine) de bouillon de poulet, chaud
150 g (5 oz) de fèves décortiquées, décongelées
    si congelées
Sel et poivre

Sauce mexicaine verte

25 g (1 oz) de persil plat, haché
2 gousses d'ail, hachées finement
45 ml (3 c. à soupe) d'huile d'olive
10 ml (2 c. à thé) de vinaigre de vin blanc

1 Préchauffer la mijoteuse, si nécessaire – voir les instructions du fabricant. Faire chauffer l'huile et le beurre dans une poêle à frire. Ajouter la pintade, la poitrine en dessous, et faire frire jusqu'à ce qu'elle soit dorée. La tourner et faire dorer de l'autre côté. La retirer de la poêle et la transférer dans une assiette.

2 Ajouter l'oignon et les tranches de poireau blanches, et faire frire pendant 5 minutes. Ajouter l'ail et faire cuire pendant 2 minutes, puis ajouter, en mélangeant, le vin et la moutarde. Assaisonner de sel et de poivre, puis amener à ébullition.

3 Mettre la pintade dans le récipient de la mijoteuse, la poitrine vers le haut. Déposer les pommes de terre et les carottes autour de l'oiseau. Ajouter l'oignon chaud, le poireau et le mélange de vin, puis ajouter le bouillon chaud. Vous assurer que les pommes de terre et les carottes sont recouvertes de bouillon. Mettre le couvercle et faire cuire à l'allure «Maximale» pendant 5 à 6 heures, ou jusqu'à ce que la pintade et les légumes soient tendres. Vérifier la pintade en insérant un couteau dans la partie la plus épaisse de la cuisse jusqu'à la poitrine. Les jus seront clairs lorsque l'oiseau sera prêt..

4 Enlever la pintade du récipient, la déposer dans une assiette, et la recouvrir de papier d'aluminium pour la garder au chaud. Ajouter les tranches de poireau vertes et les fèves dans le récipient, et faire cuire à l'allure «Maximale» pendant 15 minutes. Pendant ce temps, mélanger les ingrédients de la sauce verte dans un petit bol.

5 À l'aide d'une cuillère, mettre les légumes et le bouillon dans les bols de service. Dépecer la pintade et l'ajouter dans les bols, avec une bonne cuillerée de sauce verte.

avec sauce mexicaine verte

Carbonade de dinde avec carrés de polenta

Donne 4 portions

Temps de préparation : 30 minutes
Temps de cuisson : 8 à 10 heures
Température de cuisson : « Minimale »
Mijoteuse de taille régulière ovale ou ronde

15 ml (1 c. à soupe) d'huile d'olive
500 g (1 lb) de dinde hachée
1 gros oignon, haché grossièrement
2 gousses d'ail, hachées finement
1 grosse carotte, coupée en petits dés
30 ml (2 c. à soupe) de farine
1 boîte de 400 g (13 oz) de tomates, hachées
300 ml (½ chopine) de bouillon de poulet
50 g (2 oz) de tomates séchées au soleil, égouttées et
    coupées en tranches épaisses
2 à 3 brindilles de romarin
Sel et poivre
Roquette (pour servir)

Polenta

850 ml (30 oz) d'eau, bouillante
150 g (5 oz) de polenta à cuisson rapide
50 g (2 oz) de beurre
45 ml (3 c. à soupe) de parmesan râpé, et un peu plus pour
    garnir
30 ml (2 c. à soupe) d'huile d'olive

1 Préchauffer la mijoteuse, si nécessaire – voir les instructions du fabricant. Faire chauffer l'huile dans une grande poêle à frire. Ajouter la viande et l'oignon, et faire frire à feu vif, en brassant, pendant 5 minutes, ou jusqu'à ce qu'ils soient légèrement dorés. Ajouter l'ail et la carotte, et faire cuire pendant 2 minutes.

2 Ajouter, en mélangeant, la farine, puis incorporer les tomates en conserve, le bouillon, les tomates séchées et le romarin. Assaisonner de sel et de poivre, et amener à ébullition, en brassant, pour défaire tous les gros morceaux de viande hachée. À l'aide d'une cuillère, mettre le mélange dans le récipient de la mijoteuse et presser la viande pour qu'elle soit en dessous de la surface du liquide. Mettre le couvercle et faire cuire à l'allure « Minimale » pendant 8 à 10 heures.

3 Préparer la polenta. Dans une casserole, amener à ébullition l'eau mesurée, ajouter la polenta et faire bouillir à nouveau, en brassant, pendant 1 à 2 minutes, ou jusqu'à ce qu'elle soit épaisse. Retirer de la chaleur, ajouter le beurre, le parmesan et beaucoup de sel et de poivre, et mélanger jusqu'à ce que le beurre soit fondu. Verser dans un moule à gâteau huilé, peu profond, de 20 cm (8 po), ou dans une petite rôtissoire en métal. L'étendre en une seule couche uniforme, laisser refroidir et raffermir.

4 Couper la polenta en 12 morceaux. Faire chauffer l'huile dans une grande poêle à frire et faire frire la polenta jusqu'à ce qu'elle soit chaude et dorée. Disposer les morceaux de polenta en les chevauchant autour de la viande hachée. Saupoudrer d'un peu de parmesan, et servir avec une salade de roquette.

Pâté estival de légumes

Cette casserole réconfortante pour un repas en semaine est préparée avec des cuisses de poulet coupées en dés, mijotées avec du bacon en dés et de la moutarde à l'ancienne, et complétée avec un mélange coloré de légumes frais, recouverts de purée de pommes de terre savoureuse.

Donne 6 portions

Temps de préparation : 30 minutes
Temps de cuisson : 6⅓ à 8⅓ heures
Température de cuisson : «Minimale» et «Maximale»
Mijoteuse de taille régulière ovale ou ronde

8 cuisses de poulet, environ 1 kg (2 lb)
15 ml (1 c. à soupe) d'huile de tournesol
1 oignon, haché
2 tranches de bacon de dos fumées, coupées en dés
30 ml (2 c. à soupe) de farine
450 ml (¾ chopine) de bouillon de poulet
10 ml (2 c. à thé) de moutarde à l'ancienne
2 carottes, coupées en dés
2 courgettes, coupées en dés
150 g (5 oz) de haricots verts, les bouts coupés et tranchés
    en fines lanières
100 g (3½ oz) de pois frais ou congelés
Sel et poivre

Purée de moutarde

1 kg (2 lb) de pommes de terre
40 g (1½ oz) de beurre
30 à 60 ml (2 à 4 c. à soupe) de lait
10 ml (2 c. à thé) de moutarde à l'ancienne
40 g (1½ oz) de cheddar fort, râpé

1 Préchauffer la mijoteuse, si nécessaire – voir les instructions du fabricant. Couper la peau des cuisses de poulet, enlever les os, et couper la viande en morceaux.

2 Faire chauffer l'huile dans une grande poêle à frire. Ajouter tout le poulet, quelques morceaux à la fois, puis ajouter l'oignon et le bacon. Faire frire, en brassant, pendant 5 minutes, ou jusqu'à ce que le tout soit doré.

3 Incorporer, en mélangeant, la farine, puis ajouter le bouillon, la moutarde et les carottes. Assaisonner, au goût, de sel et de poivre, amener à ébullition, et transférer dans le récipient de la mijoteuse. Mettre le couvercle, et faire cuire à l'allure «Minimale» pendant 6 à 8 heures.

4 Ajouter les légumes verts dans la mijoteuse. Replacer le couvercle et faire cuire à l'allure «Maximale» pendant 20 minutes, ou jusqu'à ce qu'ils soient tendres.

5 Pendant ce temps, faire cuire les pommes de terre dans la casserole remplie d'eau bouillante jusqu'à ce qu'elles soient tendres. Les égoutter et les réduire en purée, en ajoutant du beurre et du lait. Incorporer, en mélangeant, la moutarde, et assaisonner, au goût, de sel et de poivre. À l'aide d'une cuillère, mettre les pommes de terre dans le récipient de la mijoteuse. Saupoudrer de fromage, et faire griller, si désiré, pour dorer le dessus du pâté.

Poulet des Caraïbes

avec riz et pois

Il existe autant de versions de riz et de pois qu'il y a de types de pois et de haricots. Dans cette recette, on a ajouté des haricots rognons rouges, du riz blanc à longs grains et des pois verts congelés aux cuisses de poulet recouvertes de marinade très épicée, le tout ayant mijoté dans le lait de noix de coco.

Donne 4 portions

Temps de préparation : 20 minutes
Temps de cuisson : 7 à 9 heures
Température de cuisson : «Minimale» et «Maximale»
Mijoteuse de taille régulière ovale ou ronde

8 cuisses de poulet, environ 1 kg (2 lb)
45 ml (3 c. à soupe) de marinade épicée (voir le conseil à la
    page suivante)
30 ml (2 c. à soupe) d'huile de tournesol
2 gros oignons, hachés
2 gousses d'ail, hachées finement
1 boîte de 400 ml (14 oz) de lait de noix de coco à faible
    teneur en gras
300 ml (½ chopine) de bouillon de poulet
1 boîte de 410 g (13½ oz) de haricots rognons rouges,
    égouttés
200 g (7 oz) de riz blanc à longs grains à cuisson rapide
125 g (4 oz) de pois congelés
Sel et poivre

Pour garnir

Quartiers de lime
Brindilles de coriandre

Conseil

- La marinade épicée est une pâte épicée brun foncé, et vous la trouverez en pots dans la plupart des grands supermarchés.

1 Préchauffer la mijoteuse, si nécessaire – voir les instructions du fabricant. Enlever la peau des cuisses de poulet, faire 2 à 3 incisions dans chacune, et les frotter de marinade très épicée.

2 Faire chauffer 15 ml (1 c. à soupe) d'huile dans une grande poêle à frire. Ajouter le poulet et le faire frire à feu vif jusqu'à ce qu'il soit doré des deux côtés. Le retirer de la poêle et le transférer dans une assiette. Ajouter le reste de l'huile, les oignons et l'ail. Réduire la chaleur et faire frire pendant 5 minutes, ou jusqu'à ce qu'il ait ramolli et soit légèrement doré. Y verser le lait de noix de coco et le bouillon, assaisonner de sel et de poivre, et amener le mélange à ébullition.

3 Transférer la moitié du mélange dans le récipient de la mijoteuse. Ajouter la moitié des morceaux de poulet, tous les haricots, puis le reste du poulet, les oignons et le mélange de noix de coco. Mettre le couvercle et faire cuire à l'allure «Minimale» pendant 6 à 8 heures, ou jusqu'à ce que le poulet soit tendre.

4 Ajouter, en mélangeant, le riz. Replacer le couvercle et faire cuire à l'allure «Maximale» pendant 45 minutes. Ajouter les pois congelés (pas besoin de les décongeler), et faire cuire pendant 15 minutes encore. Mettre dans les assiettes, à l'aide d'une cuillère, et garnir avec les quartiers de lime et les brindilles de coriandre.

Venaison au poivre

Donne 4 à 5 portions

Temps de préparation : 35 minutes
Temps de cuisson : 8¾ à 11 heures
Température de cuisson : «Minimale» et «Maximale»
Mijoteuse de taille régulière ovale ou ronde

25 g (1 oz) de beurre
15 ml (1 c. à soupe) d'huile d'olive
750 g (1½ lb) d'épaule de gibier, coupée en dés
1 gros oignon rouge, tranché
125 g (4 oz) de champignons de Paris, tranchés
2 gousses d'ail, hachées finement (facultatif)
30 ml (2 c. à soupe) de farine
200 ml (7 oz) de vin rouge
250 ml (8 oz) de bouillon d'agneau ou de poulet
10 ml (2 c. à thé) de purée de tomates
30 ml (2 c. à soupe) de gelée de groseilles rouges
5 ml (1 c. à thé) de grains de poivre, écrasés grossièrement
Sel et poivre
Haricots verts (pour servir)

Scones

250 g (8 oz) de farine à gâteau
40 g (1½ oz) de beurre, coupé en dés
125 g (4 oz) de gorgonzola, la croûte enlevée et coupé en
  dés
45 ml (3 c. à soupe) de persil ou de ciboulette, haché
1 œuf, battu
60 à 75 ml (4 à 5 c. à soupe) de lait

1 Préchauffer la mijoteuse, si nécessaire – voir les instructions du fabricant. Faire chauffer l'huile dans une grande poêle à frire. Ajouter tout le gibier, quelques morceaux à la fois, puis faire frire jusqu'à ce que la viande soit dorée uniformément. Transférer dans une assiette.

2 Ajouter l'oignon, et le faire frire pendant 5 minutes. Incorporer les champignons, l'ail, si utilisé, et la farine. Faire cuire pendant 1 minute. Ajouter le vin, le bouillon, la purée de tomates, la gelée de groseilles, les grains de poivre et le sel, puis amener à ébullition.

3 À l'aide d'une cuillère, mettre le gibier dans le récipient de la mijoteuse. Ajouter le mélange de vin chaud et presser pour que le gibier soit sous la surface. Mettre le couvercle et faire cuire à l'allure «Minimale» pendant 8 à 10 heures.

4 Préparer les scones. Mettre la farine dans un bol, ajouter le beurre, et travailler avec les doigts jusqu'à ce que le mélange ressemble à de fines miettes. Ajouter, en mélangeant, un peu de sel et de poivre, le fromage et les fines herbes. Réserver 15 ml (1 c. à soupe) de l'œuf battu pour glacer, et ajouter le reste dans le mélange. Y verser graduellement assez de lait pour obtenir une pâte molle.

5 Pétrir légèrement, puis aplatir pour former une pâte épaisse, ovale ou ronde, qui sera un peu plus petite que l'ouverture de votre mijoteuse. La couper en huit pointes, et disposer les pointes en laissant un peu d'espace entre chacune, sur le dessus du gibier. Mettre le couvercle et faire cuire à l'allure «Maximale» pendant 45 minutes à 1 heure.

6 Badigeonner les scones avec l'œuf réservé et faire dorer sous le gril. Servir avec des haricots verts.

avec scones au gorgonzola

Fenouil méditerranéen

Un plat de style ratatouille avec du fenouil de Florence, des poivrons et des carottes, cuit doucement dans une riche sauce à l'ail, puis saupoudré de croûtons au beurre et garni d'un mélange de noix.

Donne 4 portions

Temps de préparation : 30 minutes
Temps de cuisson : 6 à 7 heures
Température de cuisson : «Maximale»
Mijoteuse de taille régulière ovale ou ronde

15 ml (1 c. à soupe) d'huile d'olive
1 gros oignon, haché
2 gousses d'ail, hachées finement
30 ml (2 c. à soupe) de farine
1 boîte de 400 g (13 oz) de tomates, hachées
300 ml (½ chopine) de bouillon de légumes
5 ml (1 c. à thé) de sucre muscovado roux
2 bulbes de fenouil, coupés en petits morceaux
2 poivrons (orange et rouge), épépinés, étrognés et hachés
2 carottes, coupées en petits dés
Sel et poivre
Salade verte (pour servir)

Garniture

100 g (3½ oz) de ciabatta ou de pain de campagne
45 ml (3 c. à soupe) d'huile d'olive
25 g (1 oz) de beurre
2 gousses d'ail, hachées finement
30 ml (2 c. à soupe) de graines de citrouille (facultatif)
75 g (3 oz) d'amandes ou de noisettes, hachées grossièrement

1 Préchauffer la mijoteuse, si nécessaire – voir les instructions du fabricant. Faire chauffer l'huile dans une grande poêle à frire. Ajouter l'oignon et le faire frire, en brassant, pendant 5 minutes, ou jusqu'à ce qu'il soit légèrement doré. Ajouter l'ail et faire cuire pendant 2 minutes.

2 Incorporer, en mélangeant, la farine, puis ajouter les tomates, le bouillon et le sucre. Assaisonner, au goût, de sel et de poivre, et amener à ébullition, en brassant.

3 Mettre tous les légumes hachés dans le récipient de la mijoteuse. Y verser le mélange chaud de tomates, et presser pour que les légumes soient sous la surface de la sauce. Mettre le couvercle et faire cuire à l'allure «Maximale» pendant 6 à 7 heures, ou jusqu'à ce que les légumes soient tendres.

4 Juste avant de servir, déchirer le pain en petits morceaux. Faire chauffer l'huile et le beurre dans une poêle à frire propre. Ajouter le pain, l'ail, les graines de citrouille, si utilisées, et les noix. Faire frire à feu moyen, en brassant, jusqu'à ce que le tout soit doré.

5 À l'aide d'une cuillère, mettre le mélange de fenouil dans des plats peu profonds et les recouvrir de croûtons. Servir avec une salade verte.

avec croûtons aux noix

Tiganito au feta

Des couches de tranches d'aubergines frites à l'ail, des poivrons dans une riche sauce aux tomates, le tout recouvert de feta fondant. Servez avec du pain pita chaud et une salade.

Donne 4 à 5 portions

Temps de préparation : 30 minutes
Temps de cuisson : 5 à 6 heures
Température de cuisson : «Maximale»
Mijoteuse de taille régulière ovale ou ronde

2 grosses aubergines, coupées en tranches épaisses
60 à 75 ml (4 à 5 c. à soupe) d'huile d'olive
2 gros oignons, hachés grossièrement
3 gousses d'ail, hachées finement
2 boîtes de 400 g (13 oz) de tomates, hachées
10 ml (2 c. à thé) de sucre semoule
1 grosse pincée de muscade, râpée
1 petite botte d'origan ou de basilic
2 poivrons (rouge et orange), épépinés, étrognés et coupés
    en dés
150 g (5 oz) de feta, égoutté et émietté
40 g (1½ oz) d'olives noires dénoyautées
Sel et poivre

Pour servir
Pain pita grillé
Salade verte

1 Préchauffer la mijoteuse, si nécessaire – voir les instructions du fabricant. Déposer les tranches d'aubergines dans un plateau, les saupoudrer de sel et les laisser reposer pendant 15 à 20 minutes, ou jusqu'à ce que les jus commencent à suinter.

2 Faire chauffer 15 ml (1 c. à soupe) d'huile dans une casserole. Ajouter les oignons et les faire frire jusqu'à ce qu'ils commencent à dorer. Ajouter l'ail et le faire frire pendant 1 minute, puis ajouter les tomates, le sucre et la muscade. Assaisonner, au goût, de sel et de poivre. Déchiqueter la moitié des fines herbes et les ajouter à la sauce.

3 Bien rincer les tranches d'aubergines à l'eau froide courante pour en enlever le sel. Bien les égoutter et les assécher avec des essuie-tout. Faire chauffer le reste de l'huile dans une grande poêle à frire et faire frire les tranches d'aubergines, en lots, en ajoutant plus d'huile si nécessaire, jusqu'à ce qu'elles soient dorées des deux côtés. Transférer dans une assiette.

4 Déposer, en couches, les aubergines, les poivrons, le feta et la sauce chaude, en alternance, dans le récipient de la mijoteuse, en terminant par une épaisse couche de sauce et de feta. Déposer les olives sur le dessus, mettre le couvercle et faire cuire à l'allure «Maximale» pendant 5 à 6 heures. À l'aide d'une cuillère, transférer dans des plats peu profonds, garnir avec le reste des feuilles de fines herbes, et servir avec du pain pita grillé et une salade verte.

Bourride de légumes variés

Le safran ajoute une délicate saveur à ce mélange méditerranéen de poivrons, de tomates italiennes, de courgettes et de haricots cannellinis. Servez-le dans des plats à soupe peu profonds, recouvert de pain français grillé et de rouille, et mangez-le avec une fourchette et une cuillère, pour pouvoir déguster la sauce à l'ail.

Donne 4 portions

Temps de préparation : 30 minutes
Temps de cuisson : 6½ à 8¾ heures
Température de cuisson : «Minimale» et «Maximale»
Mijoteuse de taille régulière ovale ou ronde

15 ml (1 c. à soupe) d'huile d'olive
1 gros oignon rouge, haché grossièrement
3 poivrons (rouge, jaune et orange), épépinés, étrognés et
    coupés en dés
2 à 3 gousses d'ail, hachées finement
500 g (1 lb) de tomates italiennes, pelées si désiré, et
    coupées en dés
1 boîte de 410 g (13½ oz) de haricots cannellinis, égouttés
150 ml (¼ chopine) de vin blanc sec
150 ml (¼ chopine) de bouillon de légumes
2 grosses pincées de safran
10 ml (2 c. à thé) de sucre semoule
400 g (13 oz) de courgettes, coupées en cubes
Sel et poivre

Pour servir

1 piment rouge, coupé en deux, épépiné et haché finement
2 gousses d'ail, hachées finement
60 ml (4 c. à soupe) de mayonnaise
1 petite baguette ou ½ pain français, tranché

1 Préchauffer la mijoteuse, si nécessaire – voir les instructions du fabricant. Faire chauffer l'huile dans une grande poêle à frire. Ajouter l'oignon, et le faire frire, en brassant, pendant 5 minutes, ou jusqu'à ce qu'il soit légèrement doré. Ajouter les poivrons et l'ail, et faire frire pendant 2 minutes.

2 Ajouter, en mélangeant, les tomates, les haricots, le vin, le bouillon, le safran et le sucre. Assaisonner, au goût, de sel et de poivre, et amener à ébullition. À l'aide d'une cuillère, transférer dans le récipient de la mijoteuse. Presser les légumes pour qu'ils soient complètement recouverts par le liquide, mettre le couvercle, et faire cuire à l'allure «Minimale» pendant 6 à 8 heures, ou jusqu'à ce que les légumes soient tendres.

3 Ajouter les courgettes dans le récipient et faire cuire à l'allure «Maximale» de 30 à 45 minutes, ou jusqu'à ce qu'elles soient tendres, mais encore d'un vert vif.

4 Pendant ce temps, mélanger le chile et l'ail avec la mayonnaise. Faire griller le pain juste avant de servir. Verser, à l'aide d'une louche, la bourride dans des bols à soupe peu profonds, et recouvrez du pain grillé et d'un peu de rouille.

Conseil

- La rouille est une sauce rougeâtre à base de chile, provenant du sud de la France et servie traditionnellement avec un ragoût de poisson, mais également délicieuse avec des légumes.

Pouding au romarin avec

champignons et marrons

Donne 4 portions

Temps de préparation : 45 minutes

Temps de cuisson : 5 à 6 heures

Température de cuisson : «Maximale»

Mijoteuse de taille régulière ovale

Sauce

15 g (½ oz) de beurre

15 ml (1 c. à soupe) d'huile de tournesol

1 oignon, haché finement

15 ml (1 c. à soupe) de farine

300 ml (½ chopine) de bouillon de légumes

75 ml (5 c. à soupe) de porto rubis

5 ml (1 c. à thé) de moutarde de Dijon

5 ml (1 c. à thé) de purée de tomates

Sel et poivre

Pâte

300 g (10 oz) de farine préparée pour gâteaux et pâtisseries

2,5 ml (½ c. à thé) de sel

150 g (5 oz) de suif végétal, déchiqueté

30 ml (2 c. à soupe) de feuilles de romarin, hachées finement

Environ 200 ml (7 oz) d'eau, froide

Garniture

1 gros champignon plat, tranché

125 g (4 oz) de champignons-marrons

200 g (7 oz) de marrons entiers emballés sous vide, pelés

1 Préchauffer la mijoteuse, si nécessaire – voir les instructions du fabricant. Préparer la sauce. Faire chauffer le beurre et l'huile dans une grande poêle à frire. Ajouter l'oignon et le faire frire, en brassant, pendant 5 minutes. Incorporer la farine, puis ajouter le bouillon, le porto, la moutarde et la purée de tomates. Ajouter le sel et le poivre, amener à ébullition, en brassant, puis retirer du feu.

2 Préparer la pâte. Mélanger la farine, le sel, le suif et le romarin. Ajouter graduellement assez d'eau froide pour faire une pâte molle, mais non collante. Pétrir légèrement, puis abaisser, et rouler en un cercle de 33 cm (13 po) de diamètre.

3 Couper le quart du cercle de la pâte, et réserver. Lever le reste de la pâte et la placer dans une bassine à pouding huilée de 1,25 l (2¼ chopines). Rapprocher les côtés coupés ensemble, les superposer légèrement afin que la bassine soit recouverte complètement de pâte, puis les presser ensemble pour sceller. Étaler, en couches, la sauce, les champignons et les marrons dans la bassine, en terminant avec la sauce.

4 Rouler la pâte réservée en un cercle de la taille de l'ouverture de la bassine. Mouiller les bords de la pâte dans la bassine avec un peu d'eau, et presser pour mettre le couvercle en place. Couvrir avec du papier d'aluminium beurré et en faire un dôme. Sécuriser à l'aide d'une corde, puis la placer, à l'aide d'un sac de cordes en macramé, dans le récipient de la mijoteuse (voir page 13).

5 Verser l'eau bouillante dans le récipient jusqu'à la moitié des côtés de la bassine. Mettre le couvercle et faire cuire à l'allure «Maximale» pendant 5 à 6 heures.

Que des desserts

Pouding aux pommes

Donne 4 à 5 portions

Temps de préparation : 30 minutes
Temps de cuisson : 3 à 3½ heures
Température de cuisson : «Maximale»
Mijoteuse de taille régulière ovale

50 g (2 oz) de beurre, coupé en dés, et un peu plus pour
    graisser
150 g (5 oz) de farine préparée pour gâteaux et pâtisseries
100 g (3½ oz) de sucre muscovado brun
2 œufs
30 ml (2 c. à soupe) de lait
1 pomme à couteau*, étrognée et hachée finement
Crème glacée à la vanille, crème fraîche ou crème liquide
    (pour servir)

Sauce
125 g (4 oz) de sucre muscovado brun
25 g (1 oz) de beurre, coupé en dés
300 ml (½ chopine) d'eau, bouillante

*N.d.T. Pomme cultivée pour être consommée crue.

1 Préchauffer la mijoteuse, si nécessaire – voir les instructions du fabricant. Graisser l'intérieur d'un plat à soufflé de 14 cm (5½ po) de diamètre et 9 cm (3½ po) de hauteur. Mettre la farine dans un bol, ajouter le beurre, et travailler avec les doigts jusqu'à ce que le mélange ressemble à de fines miettes. Ajouter le sucre, puis incorporer les œufs et le lait jusqu'à ce que le tout soit lisse. Incorporer, en mélangeant, les pommes.

2 À l'aide d'une cuillère, mettre le mélange dans le plat à soufflé et l'étendre uniformément. Saupoudrer le dessus du sucre pour la sauce, et parsemer de dés de beurre du 25 g (1 oz). Verser l'eau bouillante mesurée sur le dessus, puis couvrir lâchement de papier d'aluminium.

3 Déposer délicatement le plat dans le récipient de la mijoteuse, en utilisant un sac de cordes en macramé ou des lanières de papier d'aluminium (voir page 13). Verser de l'eau bouillante dans le récipient jusqu'à la moitié des côtés du plat à soufflé. Mettre le couvercle et faire cuire à l'allure «Maximale» pendant 3 à 3½ heures, ou jusqu'à ce que le soufflé ait bien levé et que la sauce bouillonne sur les bords.

4 Retirer le plat du récipient. Enlever le papier d'aluminium et décoller les côtés du soufflé. Couvrir d'un plat assez grand pour recueillir toute la sauce, puis renverser le soufflé, et retirer le plat. Servir avec de bonnes cuillerées de crème glacée à la vanille, de crème fraîche ou de crème liquide.

Conseil
• Assurez-vous que le plat à soufflé s'adapte bien au récipient de votre mijoteuse, avant de commencer.

avec caramel anglais

Pouding au rhum
et aux raisins secs

Donne 8 portions

Temps de préparation : 20 minutes, plus le temps de trempage

Temps de cuisson : 3 à 4 heures

Température de cuisson : «Maximale»

Mijoteuse de taille régulière ovale

200 g (7 oz) de raisins secs

75 ml (5 c. à soupe) de rhum foncé

Beurre (pour graisser)

200 g (7 oz) de farine préparée pour gâteaux et pâtisseries

50 g (2 oz) de chapelure de pain blanc frais

100 g (3½ oz) de suif végétal pâle

100 g (3½ oz) de sucre semoule

Zeste râpé finement et jus de 1 orange

1 œuf

150 ml (¼ chopine) de lait

Pour servir

Mélasse claire

Crème anglaise

1 Mettre les raisins dans un bol, ajouter le rhum, et laisser tremper toute la nuit.

2 Préchauffer la mijoteuse, si nécessaire – voir les instructions du fabricant. Graisser une bassine à pouding de 1,25 l (2¼ chopines), et tapisser le fond avec du papier sulfurisé. Mettre la farine, la chapelure, le suif, le sucre et le zeste d'orange dans un bol à mélanger. Ajouter les raisins et le rhum, s'il en reste, le jus d'orange et l'œuf, puis, graduellement, ajouter assez de lait, en mélangeant, pour obtenir une consistance molle et coulante.

3 À l'aide d'une cuillère, mettre le mélange dans la bassine, étendre uniformément, et couvrir avec du papier sulfurisé plié et du papier d'aluminium. Sécuriser le papier d'aluminium avec une corde, et mettre la bassine dans le récipient de la mijoteuse, en utilisant un sac de cordes en macramé (voir page 13). Verser de l'eau bouillante dans le récipient pour couvrir la moitié de la bassine, mettre le couvercle, et faire cuire à l'allure «Maximale» pendant 3 à 4 heures, ou jusqu'à ce que le pouding ait bien levé et soit complètement cuit.

4 Décoller les côtés du pouding, le renverser sur une assiette, et enlever le papier sulfurisé. Servir avec de la mélasse claire et de la crème anglaise.

Conseils

- Si vous n'avez pas beaucoup de temps, faites réchauffer le rhum et les raisins dans une casserole ou dans le four à micro-ondes, et laissez tremper pendant 2 heures.

- Lorsque vous n'avez pas assez de pain pour préparer la chapelure, utilisez 275 g (9 oz) de farine à gâteau, même si la farine donnera une texture plus massive au pouding.

Bananes au caramel

Préférée des enfants, cette recette est incroyablement facile et rapide à préparer. Il est presque certain que vous avez déjà tous les ingrédients dans votre armoire.

Donne 4 portions

Temps de préparation : 15 minutes
Temps de cuisson : 1 à 1½ heure
Température de cuisson : «Minimale»
Mijoteuse de taille régulière ovale ou ronde

4 bananes
Jus de 1 citron
50 g (2 oz) de beurre
75 g (3 oz) de sucre muscovado roux
30 ml (2 c. à soupe) de mélasse claire
Crème glacée à la vanille (pour servir)

1 Préchauffer la mijoteuse, si nécessaire – voir les instructions du fabricant. Faire des tranches épaisses de bananes, les mettre dans un bol, et les mélanger avec le jus de citron.

2 Mettre le beurre, le sucre et la mélasse dans une petite casserole, et faire chauffer jusqu'à ce que le beurre soit fondu et le sucre, dissout.

3 Transférer les bananes dans le récipient de la mijoteuse, et y verser le mélange de beurre chaud. Mettre le couvercle et faire cuire à l'allure «Minimale» pendant 1 à 1½ heure.

4 À l'aide d'une cuillère, mettre les bananes dans des bols en verre, et servir avec des cuillerées de crème glacée.

Poudings au

Ces petits poudings irrésistibles sont faciles à faire avec un mélange rapide pour gâteau éponge et une boîte de cerises provenant de votre armoire.

Donne 4 portions

Temps de préparation : 25 minutes
Temps de cuisson : 1½ à 2 heures
Température de cuisson : «Maximale»
Mijoteuse de taille régulière ovale

50 g (2 oz) de beurre, et un peu plus pour graisser
50 g (2 oz) de sucre semoule
50 g (2 oz) de farine préparée pour gâteaux et pâtisseries
1 œuf
15 ml (1 c. à soupe) de poudre de cacao
1,2 ml (¼ c. à thé) de levure chimique
1,2 ml (¼ c. à thé) de cannelle moulue
1 boîte de 425 g (14 oz) de cerises noires dénoyautées, égouttées

Sauce au chocolat

100 g (3½ oz) de chocolat blanc, brisé en morceaux
150 ml (¼ chopine) de crème à haute teneur en matières grasses

1 Préchauffer la mijoteuse, si nécessaire – voir les instructions du fabricant. Graisser l'intérieur de quatre moules à pouding en métal, chacun d'une capacité de 200 ml (7 oz), et tapisser le fond de chacun de papier sulfurisé.

2 Mettre le reste du beurre, le sucre, la farine, l'œuf, le cacao, la levure chimique et la cannelle dans un bol, et battre avec une cuillère en bois jusqu'à ce que le tout soit lisse.

3 Déposer 7 cerises dans le fond de chaque moule. Hacher grossièrement le reste des cerises et les incorporer au mélange à pouding. Diviser le mélange entre les moules et étendre uniformément. Couvrir lâchement le dessus de chaque moule de papier d'aluminium, et les déposer dans le récipient de la mijoteuse. Verser de l'eau bouillante dans le récipient pour couvrir la moitié des moules, mettre le couvercle et faire cuire à l'allure «Maximale» pendant 1½ à 2 heures, ou jusqu'à ce que les poudings aient bien levé et que les dessus reprennent leur forme lorsque pressés légèrement avec le bout du doigt. Retirer les moules du récipient.

4 Préparer la sauce. Mettre le chocolat et la crème dans une petite casserole, et faire chauffer à feu doux, en brassant occasionnellement, jusqu'à ce qu'ils soient fondus. Décoller les côtés des poudings, les renverser dans des bols peu profonds, enlever le papier sulfurisé, et verser la sauce tout autour avant de servir.

Conseil

• Si vous n'avez pas de moule en métal, vous pouvez utiliser des petites tasses à thé ou à café pour faire cuire les poudings, mais assurez-vous qu'elles s'adaptent dans le récipient de la mijoteuse avant de commencer.

Risotto à l'orange

Ce pouding au riz, version italienne, sans produit laitier, est aromatisé au sirop à l'orange, recouvert d'amandes tranchées et caramélisé avec un peu de sucre à glacer.

Donne 6 portions

Temps de préparation : 25 minutes
Temps de cuisson : 2½ à 3 heures
Température de cuisson : «Minimale»
Mijoteuse de taille régulière ovale ou ronde

5 oranges
75 g (3 oz) de sucre semoule
1 à 2 feuilles de laurier (selon la taille)
1 l (1¾ chopine) d'eau
200 g (7 oz) de riz pour risotto
Crème liquide, pour servir (facultatif)

Amandes caramélisées
15 g (½ oz) de beurre
40 g (1½ oz) d'amandes effilées
30 ml (2 c. à soupe) de sucre à glacer

1 Préchauffer la mijoteuse, si nécessaire – voir les instructions du fabricant. Râper le zeste de 1 orange, en presser le jus et le jus d'une autre orange. Enlever la pelure et la peau blanches des 3 autres oranges, et couper la chair en segments. Les mettre dans un petit bol, couvrir, et réserver jusqu'au moment de servir.

2 Mettre le zeste et le jus d'orange dans une casserole avec le sucre, les feuilles de laurier et l'eau. Amener doucement à ébullition, en brassant, jusqu'à ce que le sucre soit complètement dissout. Faire bouillir pendant 1 minute.

3 Mettre le riz dans le récipient de la mijoteuse, y verser le sirop chaud, et mélanger. Mettre le couvercle et faire cuire à l'allure «Minimale» pendant 2½ à 3 heures, ou jusqu'à ce que le riz soit tendre et qu'il ait absorbé presque tout le sirop.

4 Pendant ce temps, préparer les amandes caramélisées. Faire fondre le beurre dans une poêle à frire. Ajouter les amandes et les faire frire, en brassant, pendant 2 à 3 minutes, ou jusqu'à ce qu'elles soient dorées. Incorporer, en mélangeant, le sucre, et faire cuire pendant 1 minute.

5 À l'aide d'une cuillère, déposer le risotto dans des petits bols, et recouvrir des segments d'oranges et des amandes. Servir avec un peu de crème liquide, si désiré.

avec amandes caramélisées

Compote de nectarines

avec mascarpone à l'orange

Remplis des saveurs estivales, ces fruits légèrement pochés sont servis avec un fromage mascarpone doux et crémeux, parsemé de miettes de biscuits amarettis aux amandes. Même si cette compote devrait être servie chaude, elle est aussi bonne froide.

Donne 4 portions
Temps de préparation : 20 minutes
Temps de cuisson : 1 à 1¼ heure
Température de cuisson : «Maximale»
Mijoteuse de taille régulière ovale ou ronde

4 nectarines
250 g (8 oz) de fraises
50 g (2 oz) + 30 ml (2 c. à soupe) de sucre semoule
Zeste râpé finement et jus de 2 oranges
125 ml (4 oz) d'eau, froide
150 g (5 oz) de mascarpone
40 g (1½ oz) de biscuits amarettis

1 Préchauffer la mijoteuse, si nécessaire – voir les instructions du fabricant. Couper les nectarines en deux, enlever le noyau et couper la chair en morceaux. Couper les fraises en deux ou en quatre, selon leur taille.

2 Déposer les fruits dans le récipient de la mijoteuse avec 50 g (2 oz) de sucre, le zeste de 1 orange, le jus de 1½ orange et l'eau mesurée. Mettre le couvercle et faire cuire à l'allure «Maximale» pendant 1 à 1¼ heure, ou jusqu'à ce que les fruits soient tendres.

3 Un peu avant que la compote soit prête, mélanger le mascarpone avec le reste du sucre, le zeste et le jus d'orange restant. Réserver un peu des biscuits amarettis pour garnir. Émietter le reste avec vos doigts au-dessus du bol de mascarpone, et remuer pour bien mélanger. À l'aide d'une cuillère, déposer les fruits dans des gobelets, recouvrir de cuillerées du mélange de mascarpone, et garnir avec les miettes de biscuits amarettis.

Conseil
• Utilisez des biscuits ratafias ou des macarons au lieu des biscuits amarettis, si vous préférez.

Pouding éponge au citron

Temps de préparation : 30 minutes
Temps de cuisson : 3 à 3½ heures
Température de cuisson : «Maximale»
Mijoteuse de taille régulière ovale

125 g (4 oz) de beurre, et un peu plus pour graisser
60 ml (4 c. à soupe) de mélasse claire
100 g (3½ oz) de sucre semoule
Zeste râpé de 2 citrons
2 œufs, battus
200 g (7 oz) de farine préparée pour gâteaux et pâtisseries
30 ml (2 c. à soupe) de lait
30 ml (2 c. à soupe) de jus de citron
3 fruits de la passion

1 Préchauffer la mijoteuse, si nécessaire – voir les instructions du fabricant. Graisser l'intérieur d'une bassine à pouding de 1,25 l (2¼ chopines), et tapisser le fond de papier sulfurisé. Mettre la mélasse dans la bassine.

2 Défaire en crème le beurre, le sucre et le zeste de citron dans un bol jusqu'à ce que le mélange soit pâle et crémeux. Mélanger graduellement et en alternance de bonnes cuillerées d'œufs battus et de farine jusqu'à ce que le mélange soit lisse. Ajouter, en brassant, le lait, puis le jus de citron afin d'obtenir une consistance molle et coulante.

3 À l'aide d'une cuillère, mettre le mélange sur la mélasse dans la bassine. Étendre uniformément et couvrir avec une feuille de papier sulfurisé plié et du papier d'aluminium. Sécuriser avec une corde.

4 Déposer la bassine dans le récipient de la mijoteuse (voir page 13). Verser de l'eau bouillante dans le récipient jusqu'à la moitié de la bassine. Mettre le couvercle et faire cuire à l'allure «Maximale» pendant 3 à 3½ heures, ou jusqu'à ce que le dessus reprenne sa forme lorsque pressé avec le bout du doigt.

5 Retirer délicatement la bassine de la mijoteuse. Enlever les papiers d'aluminium et sulfurisé, et décoller les côtés du pouding. Couvrir d'une grande assiette, y renverser la bassine, et retirer la bassine avec le papier sulfurisé. Couper les fruits de la passion en deux, et saupoudrer les graines sur le pouding.

Conseil

• Pour une autre sauce, faites réchauffer 60 ml (4 c. à soupe) de sauce de canneberges ou de confiture de fraises de qualité avec le jus de ½ orange.

Gâteau double
chocolat aux patates douces

Donne 6 portions

Temps de préparation : 40 minutes
Temps de cuisson : 3½ à 4 heures
Température de cuisson : «Maximale»
Mijoteuse de taille régulière ovale

250 g (8 oz) de patates douces, pelées et coupées en
    morceaux
30 ml (2 c. à soupe) de lait
125 g (4 oz) de beurre, et un peu plus pour graisser
125 g (4 oz) de sucre muscovado roux
150 g (5 oz) de farine préparée pour gâteaux et pâtisseries
30 ml (2 c. à soupe) de poudre de cacao, et un peu plus
    pour décorer (facultatif)
2,5 ml (½ c. à thé) de bicarbonate de soude
2 œufs, battus
25 g (1 oz) de gingembre confit, haché
100 g (3½ oz) de chocolat noir, coupé en dés
25 g (1 oz) de pistaches ou de noisettes, hachées
    grossièrement
Crème (pour servir)

1 Faire cuire les patates douces dans une casserole remplie d'eau bouillante pendant 15 minutes, ou jusqu'à ce qu'elles soient tendres. Les égoutter et réduire en purée avec le lait, puis laisser refroidir.

2 Préchauffer la mijoteuse, si nécessaire – voir les instructions du fabricant. Graisser l'intérieur d'un plat à soufflé de 14 cm (5½ po) de diamètre et 9 cm (3½ po) de hauteur. Tapisser le fond avec du papier sulfurisé. Réduire en crème le beurre avec le sucre dans un bol jusqu'à ce que le tout soit léger et mousseux. Mélanger la farine, le cacao et le bicarbonate de soude. Mélanger graduellement, en alternance, de bonnes cuillerées d'œufs et de farine jusqu'à ce que le tout soit lisse. Ajouter, en mélangeant, les patates douces, le gingembre et le chocolat.

3 À l'aide d'une cuillère, déposer le mélange dans le plat à soufflé graissé, étendre uniformément, et saupoudrer de noix. Couvrir lâchement de papier d'aluminium beurré, et le déposer dans le récipient de la mijoteuse (voir page 13). Verser de l'eau chaude dans le récipient jusqu'à la moitié du plat. Mettre le couvercle et faire cuire à l'allure «Maximale» pendant 3½ à 4 heures, ou jusqu'à ce que le dessus reprenne sa forme lorsque pressé avec le bout du doigt.

4 Décoller le gâteau, le renverser sur une assiette, et enlever le papier sulfurisé. Servir chaud ou froid, avec de la crème.

Gâteau au fromage
marbré chocolat-vanille

Donne 6 portions

Temps de préparation : 40 minutes, plus le temps de refroidissement

Temps de cuisson : 3 à 4 heures

Température de cuisson : « Maximale »

Mijoteuse de taille régulière ovale

Base

50 g (2 oz) de beurre à la température ambiante, et un peu plus pour graisser

50 g (2 oz) de sucre semoule

50 g (2 oz) de farine préparée pour gâteaux et pâtisseries

1 œuf

Garniture

100 g (3½ oz) de chocolat noir, coupé en morceaux

250 g (8 oz) de mascarpone

50 g (2 oz) de sucre semoule

60 ml (4 c. à soupe) de crème fraîche entière

2 œufs entiers et 2 jaunes d'œufs

5 ml (1 c. à thé) d'essence de vanille

Conseil

• Le gâteau au fromage s'affaissera légèrement lorsqu'il aura refroidi. Ne vous en faites pas – ceci est parfaitement normal.

1 Préchauffer la mijoteuse, si nécessaire – voir les instructions du fabricant. Graisser un plat à soufflé de 14 cm (5½ po) de diamètre et 9 cm (3½ po) de hauteur. Tapisser le fond de papier sulfurisé.

2 Préparer la base. Mettre tous les ingrédients dans un bol, et battre jusqu'à ce que le tout soit lisse. Transférer à l'aide d'une cuillère dans le plat à soufflé et étendre uniformément. Couvrir lâchement de papier d'aluminium, et le déposer dans le récipient de la mijoteuse (voir page 13). Verser de l'eau bouillante jusqu'à la moitié du plat à soufflé, mettre le couvercle, et faire cuire à l'allure « Maximale » pendant 1 à 1½ heure. Pendant ce temps déposer un bol à l'épreuve de la chaleur dans une petite casserole remplie d'eau bouillante et y faire fondre le chocolat. Mélanger le mascarpone et le sucre dans le bol. Ajouter, en mélangeant, la crème fraîche, puis, graduellement, y battre les œufs entiers et les jaunes d'œufs.

3 Retirer le plat du récipient de la mijoteuse. Graduellement, ajouter, en mélangeant, 120 ml (8 c. à soupe) du mélange de fromage dans le chocolat. Incorporer, en mélangeant, l'essence de vanille dans le reste du mélange, puis verser dans le plat à soufflé. Arroser de cuillerées combles du mélange de chocolat sur le dessus, puis passer un couteau dans les mélanges pour créer un effet marbré. Couvrir à nouveau le plat et le retourner dans la mijoteuse. Faire cuire à l'allure « Maximale » pendant 2 à 2½ heures. Enlever le plat de la mijoteuse, laisser refroidir, puis réfrigérer pendant 3 à 4 heures.

4 Décoller les bords du gâteau au fromage, le renverser, retirer le papier, puis le renverser à nouveau.

Crème anglaise au citron

Servez cette riche crème anglaise, faite de crème, du zeste et du jus de citron acidulé, avec des bleuets frais, une variété de fruits estivaux ou des cerises.

Donne 6 portions

Temps de préparation : 15 minutes, plus le temps de refroidissement

Temps de cuisson : 2 à 2½ heures

Température de cuisson : «Minimale»

Mijoteuse de taille régulière ovale

2 œufs entiers et 3 jaunes d'œufs

100 g (3½ oz) de sucre semoule

Zeste râpé de 2 citrons

Jus de 1 citron

300 ml (½ chopine) de crème à haute teneur en matières grasses

150 g (5 oz) de bleuets frais (pour servir)

1 Préchauffer la mijoteuse, si nécessaire – voir les instructions du fabricant. Mettre les œufs, les jaunes d'œufs, le sucre et le zeste de citron dans un bol, et fouetter.

2 Verser la crème dans une petite casserole, amener à ébullition, puis, graduellement, y fouetter le mélange d'œufs. Passer le jus de citron, puis le fouetter graduellement dans le mélange.

3 Verser le mélange dans six petites tasses à café, et les déposer dans le récipient de la mijoteuse. Verser de l'eau bouillante dans le récipient jusqu'à la moitié des tasses. Couvrir lâchement le dessus des tasses avec du papier d'aluminium, mettre le couvercle, et faire cuire à l'allure «Minimale» pendant 2 à 2½ heures, ou jusqu'à ce que la crème soit ferme.

4 Retirer les tasses de la mijoteuse, laisser refroidir, puis transférer au réfrigérateur pour qu'elles refroidissent.

5 Pour servir, déposer les tasses sur leur soucoupe, et décorer le dessus avec des bleuets.

Conseils

- Vérifiez si les tasses s'adaptent une à côté de l'autre dans le récipient, avant de commencer. Si vous n'avez pas de petites tasses, utilisez des darioles ou des moules à madeleines, ou des petits moules en métal de 150 ml (¼ chopine).

- Pour changer ces desserts en crème brûlée, saupoudrez le dessus de chaque dessert froid de 5 ml (1 c. à thé) de sucre semoule. Faites caraméliser le sucre avec un petit chalumeau de chef, et servez dans les 20 minutes qui suivent.

Pain d'épices vapeur

Donne 6 portions

Temps de préparation : 30 minutes

Temps de cuisson : 4 à 5 heures

Température de cuisson : «Maximale»

Mijoteuse de taille régulière ovale

Base pour pouding

45 ml (3 c. à soupe) de mélasse claire

45 ml (3 c. à soupe) de sucre muscovado roux

15 ml (1 c. à soupe) de gingembre ou de marmelade
  d'oranges

2 bananes

Jus de ½ citron

Pain d'épices

100 g (3½ oz) de beurre, et un peu plus pour graisser

100 g (3½ oz) de sucre muscovado roux

75 g (3 oz) de mélasse claire

30 ml (2 c. à soupe) de gingembre ou de marmelade
  d'oranges

2 œufs

60 ml (4 c. à soupe) de lait

175 g (6 oz) de farine préparée pour gâteaux et pâtisseries
  complète

5 ml (1 c. à thé) de bicarbonate de soude

10 ml (2 c. à thé) de gingembre moulu

Crème anglaise ou crème glacée à la vanille (pour servir)

1 Préchauffer la mijoteuse, si nécessaire – voir les instructions du fabricant. Graisser un plat à soufflé de 14 cm (5½ po) de diamètre et 9 cm (3½ po) de hauteur. Tapisser le fond d'un papier sulfurisé.

2 Préparer la base du pouding. À l'aide d'une cuillère, mettre dans le plat la mélasse, le sucre et la marmelade. Couper les bananes en deux sur la longueur, puis couper chaque morceau en deux encore, en diagonale, et enrober de jus de citron, et disposer les morceaux de bananes dans le plat, le côté coupé en dessous.

3 Préparer le pain d'épices. Mettre dans une casserole le beurre, le sucre, le sirop et la marmelade. Faire chauffer à feu doux pour faire fondre. Battre les œufs et le lait dans un petit bol, et combiner la farine, le bicarbonate et le gingembre dans un autre petit bol.

4 Retirer la casserole du feu, et y mélanger graduellement le mélange d'œufs et de lait, puis le mélange de farine jusqu'à ce que le tout soit homogène. Verser sur les bananes dans le plat. Couvrir lâchement de papier d'aluminium. Déposer le plat dans le récipient de la mijoteuse (voir page 13). Verser de l'eau bouillante dans le récipient jusqu'à la moitié du plat, mettre le couvercle, et faire cuire à l'allure «Maximale» pendant 4 à 5 heures, ou jusqu'à ce que le dessus reprenne sa forme lorsque pressé avec le bout du doigt.

5 Retirer le plat de la mijoteuse, enlever le papier d'aluminium, décoller les côtés du pouding, puis couvrir d'une assiette et y renverser le pouding. Le secouer délicatement pour qu'il se détache, enlever le plat avec précaution, puis décoller le papier sulfurisé. Servir avec de la crème anglaise ou de la crème glacée à la vanille.

avec glacage aux bananes

Fruits du verger
pochés avec anis étoilé

Ce mélange frais et léger de fruits fraîchement cuits est aussi délicieux servi froid au petit déjeuner recouvert de bonnes cuillerées de yogourt.

Donne 6 portions

Temps de préparation : 20 minutes
Temps de cuisson : 2½ à 3 heures
Température de cuisson : «Maximale»
Mijoteuse de taille régulière ovale ou ronde

100 g (3½ oz) de sucre semoule
300 ml (½ chopine) d'eau
3 anis étoilés
Zeste râpé et jus de 1 citron
300 ml (½ chopine) de jus de canneberges et de
    framboises
3 poires
2 pommes à couteau*
400 g (13 oz) de prunes rouges
Yogourt grec arrosé de miel (pour servir)

1 Préchauffer la mijoteuse, si nécessaire – voir les instructions du fabricant. Mettre dans une casserole le sucre, l'eau mesurée, les anis étoilés, le jus et le zeste de citron. Faire chauffer à feu doux jusqu'à ce que le sucre soit dissout, puis faire bouillir pendant 1 minute. Ajouter le jus de canneberges et de framboises, et faire chauffer à nouveau.

2 Couper en 4, étrogner, peler les poires et les pommes, et couper chaque morceau de pommes en deux encore. Couper les prunes en deux, et enlever le noyau. Mettre les fruits dans le récipient de la mijoteuse et y verser le sirop chaud. Mettre le couvercle et faire cuire à l'allure «Maximale» pendant 2½ à 3 heures, ou jusqu'à ce que les fruits soient tendres.

3 Servir chaud ou froid, avec des cuillerées combles de yogourt grec arrosé de miel.

*N.d.T. Pomme cultivée pour être consommée crue.

Conseil
• Avertissez vos convives de ne pas manger les anis étoilés.

Pouding au riz à la lime avec noix de coco

Une nouvelle allure pour ce classique favori fait avec du lait de noix de coco à faible teneur en gras, du sucre et du zeste de lime. Servez-le recouvert de tranches de mangues et de cuillerées de crème glacée.

Donne 4 portions

Temps de préparation : 15 minutes
Temps de cuisson : 7 à 8 heures
Température de cuisson : « Minimale »
Mijoteuse de taille régulière ovale ou ronde

1 boîte de 400 ml (14 oz) de lait de noix de coco à faible
    teneur en gras
450 ml (¾ chopine) de lait entier
15 g (½ oz) de beurre
75 g (3 oz) de pouding au riz
50 g (2 oz) de sucre semoule
Zeste râpé de 2 limes

Pour servir

1 mangue, le noyau enlevé, pelée et coupée en dés
Jus de 1 lime
Crème fraîche

1 Préchauffer la mijoteuse, si nécessaire – voir les instructions du fabricant. Verser le lait de noix de coco et le lait entier dans une casserole, et amener à ébullition.

2 Graisser l'intérieur du récipient de la mijoteuse et ajouter le riz, le sucre et le zeste de lime. Y verser le lait chaud, et remuer. Couvrir et faire cuire à l'allure « Minimale » pendant 7 à 8 heures, en brassant une ou deux fois, si possible, jusqu'à ce que le riz soit tendre et qu'il ait absorbé presque tout le lait.

3 Mélanger les morceaux de mangues avec le jus de lime. À l'aide d'une cuillère, mettre le pouding dans des bols, et recouvrir de crème fraîche et de mangues.

Conseils

- Cette version de pouding au riz est semblable au pouding cuit sur la plaque chauffante, alors elle est parfaite pour ceux qui aiment ce type de pouding, mais qui n'aiment pas la peau.

- Pour changer, aromatisez le pouding avec 45 ml (3 c. à soupe) de miel ferme, un peu de muscade râpée et 900 ml (1½ chopine) de lait entier au lieu du mélange de noix de coco, de lait, de sucre et de lime.

Abricots pochés aux

Même si mettre du poivre dans un dessert peut sembler étrange, il ajoute un goût très relevé qui complète bien un xérès sec. Tout reste d'abricots peut être réduit en purée et mélangé dans du yogourt grec pour un délicieux petit-déjeuner.

Donne 4 portions

Temps de préparation : 5 minutes
Temps de cuisson : 3 à 4 heures
Température de cuisson : « Minimale »
Mijoteuse de taille régulière ovale ou ronde

300 g (10 oz) d'abricots séchés prêts à manger
150 ml (¼ chopine) de xérès sec (comme le Tio Pepe)
150 ml (¼ chopine) d'eau, froide
50 g (2 oz) de sucre semoule
2,5 ml (½ c. à thé) de grains de poivre noir, écrasés
    grossièrement
Crème fraîche ou crème glacée à la vanille (pour servir)

1 Préchauffer la mijoteuse, si nécessaire – voir les instructions du fabricant. Mettre les abricots, le xérès et l'eau mesurée dans le récipient de la mijoteuse. Saupoudrer de sucre et de grains de poivre. Mettre le couvercle et faire cuire à l'allure « Minimale » pendant 3 à 4 heures, ou jusqu'à ce que les abricots soient gonflés et très chauds.

2 À l'aide d'une cuillère, mettre les abricots dans des gobelets en verre. Servir chaud, avec de bonnes cuillerées de crème fraîche ou de crème glacée à la vanille.

Conseil

• Vous pouvez faire cuire des abricots frais et obtenir la même saveur. Utilisez 500 g (1 lb) d'abricots, entiers ou coupés en deux, le noyau enlevé, si désiré. Faire cuire pendant 2 heures.

Petits poudings éponge

au café avec liqueur de café

Donne 4 portions

Temps de préparation : 30 minutes
Temps de cuisson : 2 à 2½ heures
Température de cuisson : «Maximale»
Mijoteuse de taille régulière

100 g (3½ oz) de beurre, et un peu plus pour graisser
50 g (2 oz) de noix de pacanes
10 ml (2 c. à thé) de café soluble
15 ml (3 c. à thé) d'eau, bouillante
100 g (3½ oz) de sucre muscovado roux
2 œufs, battus
125 g (4 oz) de farine préparée pour gâteaux et pâtisseries
40 g (1½ oz) de chocolat noir

Pour servir

60 ml (4 c. à soupe) de crème à haute teneur en matières
   grasses
60 ml (4 c. à soupe) de liqueur de crème de café

1 Préchauffer la mijoteuse, si nécessaire – voir les instructions du fabricant. Graisser légèrement quatre moules en métal d'une capacité de 200 ml (7 oz) chacun et en tapisser le fond de papier sulfurisé. Déposer trois noix de pacanes dans le fond de chaque moule, puis briser le reste des pacanes en morceaux, avec vos doigts. Verser le café dans une tasse, ajouter l'eau bouillante mesurée, puis brasser pour la faire dissoudre.

2 Mettre le beurre et le sucre dans un bol, et défaire en crème, avec une cuillère de bois, jusqu'à ce que le tout soit léger et mousseux. Ajouter en mélangeant, en alternance, de bonnes cuillerées d'œufs battus et de farine jusqu'à ce que le tout soit complètement incorporé.

3 Ajouter, en brassant, les pacanes brisées et le café dissout, puis, à l'aide d'une cuillère, déposer la moitié du mélange dans les moules beurrés. Couper le chocolat en quatre morceaux, et presser un morceau dans chaque moule. Couvrir avec le reste du mélange de café, et étendre uniformément.

4 Couvrir chaque pouding de papier d'aluminium beurré, et transférer dans la mijoteuse. Verser de l'eau bouillante dans le récipient jusqu'à la moitié des moules, mettre le couvercle, et faire cuire à l'allure «Maximale» pendant 2 à 2½ heures, ou jusqu'à ce que les dessus reprennent leur forme lorsque pressés avec le bout du doigt.

5 Renverser les poudings dans des bols peu profonds et enlever le papier sulfurisé. À l'aide d'une cuillère, déposer la crème et la liqueur tout autour.

Conseil

• Pour un double pouding au chocolat, remplacez 15 ml (1 c. à soupe) de farine par 15 ml (1 c. à soupe) de poudre de cacao, et ne mettez pas de café dissout.

Grogs

Café mexicain épicé

Un mélange de cacao, de café et de rhum, épicé avec du piment rouge chile. Servez-le comme tel ou recouvert d'une bonne cuillerée de crème fouettée légère et saupoudré de cacao ou de chocolat râpé.

Donne 4 portions

Temps de préparation : 10 minutes
Temps de cuisson : 3 à 4 heures
Température de cuisson : «Minimale»
Mijoteuse de taille régulière ovale ou ronde

50 g (2 oz) de poudre de cacao
20 ml (4 c. à thé) de café soluble
1 l (1¾ chopine) d'eau, bouillante
150 ml (¼ chopine) de rhum foncé
100 g (3½ oz) de sucre semoule
2,5 ml (½ c. à thé) de cannelle moulue
1 gros piment rouge chile frais ou séché, coupé en deux

Pour décorer

150 ml (¼ chopine) de crème à haute teneur en matières grasses
30 ml (2 c. à soupe) de chocolat noir, râpé
4 petits chiles séchés (facultatif)

1 Préchauffer la mijoteuse, si nécessaire – voir les instructions du fabricant. Mettre le cacao et le café soluble dans un bol, et mélanger avec un peu d'eau bouillante, pour obtenir une pâte lisse.

2 Verser la pâte de cacao dans le récipient de la mijoteuse. Ajouter le reste de l'eau bouillante, le rhum, le sucre, la cannelle et le piment rouge, et mélanger.

3 Mettre le couvercle et faire cuire le grog à l'allure «Minimale» pendant 3 à 4 heures, ou jusqu'à ce qu'il soit très chaud, ou jusqu'au moment où vous en aurez besoin. Bien mélanger, puis, à l'aide d'une louche, verser dans des verres à l'épreuve de la chaleur. Fouetter la crème jusqu'à la formation de pics, et en déposer un peu dans chaque verre. Décorer chaque verre d'un peu de chocolat râpé et d'un piment séché, si utilisé.

Conseil
• Utilisez des cuillerées à thé rases de café, sinon la saveur sera trop prononcée.

136

Cidre au miel
et aux pommes épicées

Faire mijoter pendant que vous vous préparez à sortir, puis diminuez la chaleur lorsque vous sortirez faire une promenade de fin de semaine. Il est agréable de revenir à la maison pour retrouver ce plaisir, un changement de la version plus lourde au vin rouge.

Donne 6 portions

Temps de préparation : 10 minutes
Temps de cuisson : 4 à 5 heures
Température de cuisson : «Minimale» et «Maximale»
Mijoteuse de taille régulière ovale ou ronde

2 pommes à couteau
12 clous de girofle
2 bâtonnets de cannelle
75 g (3 oz) de miel ferme
1 l (1¾ chopine) de cidre sec de qualité

1 Préchauffer la mijoteuse, si nécessaire – voir les instructions du fabricant. Étrogner chaque pomme et les couper en tranches épaisses. Presser les clous de girofle dans les 12 tranches de pommes, et les déposer dans le récipient de la mijoteuse.

2 Briser les bâtonnets de cannelle en deux et les ajouter aux pommes avec le miel et le cidre.

3 Mettre le couvercle et faire cuire à l'allure «Maximale» pendant 1 heure, puis réduire la température à l'allure «Minimale», et faire cuire pendant 3 à 4 heures, ou jusqu'à ce que le tout soit très chaud. Vous pouvez faire cuire ce grog plus longtemps, si désiré. Bien mélanger, et servir dans des verres à l'épreuve de la chaleur.

Conseil

• Si vous avez un peu de calvados (brandy de pomme), vous voudrez peut-être en ajouter un peu au grog juste avant de servir.

138

Explosion chaude d'agrumes

Donne 6 portions

Temps de préparation : 10 minutes
Temps de cuisson : 4 à 5 heures
Température de cuisson : «Minimale» et «Maximale»
Mijoteuse de taille régulière ovale ou ronde

8 gousses de cardamome
Zeste de 1 citron et jus de 3 citrons
Zeste de 1 orange et jus de 3 oranges
125 g (4 oz) de miel ferme
100 g (3½ oz) de sucre semoule
750 ml (1¼ chopine) d'eau, froide
150 ml (¼ chopine) de whiskey

1 Préchauffer la mijoteuse, si nécessaire – voir les instructions du fabricant. Écraser les gousses de cardamome à l'aide d'un pilon et d'un mortier, ou avec le bout d'un rouleau à pâtisserie, et mettre les gousses et les graines dans le récipient de la mijoteuse.

2 Ajouter les zestes, le jus des fruits, le miel, le sucre, l'eau et le whiskey. Mettre le couvercle et faire cuire à l'allure «Maximale» pendant 1 heure, puis réduire la température à l'allure «Minimale» et continuer la cuisson pendant 3 à 4 heures jusqu'à ce que le mélange soit bouillant, ou plus longtemps, si désiré. Bien mélanger, et servir dans des petits verres à l'épreuve de la chaleur.

Ratafia d'abricots et de brandy

Donne 6 portions

Temps de préparation : 15 minutes
Temps de cuisson : 3 à 4 heures
Température de cuisson : «Minimale»
Mijoteuse de taille régulière ovale ou ronde

5 ml (1 c. à thé) d'huile de tournesol
40 g (1½ oz) d'amandes effilées
100 g (3½ oz) d'abricots séchés prêts à manger
1 l (1¾ chopine) de jus de raisin blanc
150 ml (¼ chopine) de brandy
75 g (3 oz) de sucre semoule

1 Préchauffer la mijoteuse, si nécessaire – voir les instructions du fabricant. Faire chauffer l'huile dans une poêle à frire. Ajouter les amandes et faire cuire, en brassant, jusqu'à ce qu'elles soient dorées des deux côtés.

2 Déposer les amandes et les abricots dans le récipient de la mijoteuse, et y verser le jus de raisin et le brandy. Ajouter le sucre, couvrir, et faire cuire à l'allure «Minimale» pendant 3 à 4 heures, ou jusqu'à ce que le mélange soit bouillant, ou jusqu'au moment de servir. Bien mélanger, puis, à l'aide d'une louche, verser dans des verres à l'épreuve de la chaleur, pour servir.

Punch jamaïcain chaud

Donne 6 portions

Temps de préparation : 10 minutes
Temps de cuisson : 3 à 4 heures
Température de cuisson : «Minimale» et «Maximale»
Mijoteuse de taille régulière ovale ou ronde

Jus de 3 limes
300 ml (½ chopine) de rhum foncé
300 ml (½ chopine) de vin de gingembre
600 ml (1 chopine) d'eau, froide
75 g (3 oz) de sucre semoule

Pour décorer

1 lime, tranchée finement
2 tranches d'ananas, le cœur enlevé (mais avec la peau)
    et coupées en morceaux

1 Préchauffer la mijoteuse, si nécessaire – voir les instructions du fabricant. Presser la lime et mettre le jus de lime dans le récipient de la mijoteuse, puis jeter les pépins. Ajouter le rhum, le vin de gingembre, l'eau et le sucre. Mettre le couvercle et faire cuire à l'allure «Maximale» pendant 1 heure.

2 Réduire la chaleur et faire cuire à l'allure «Minimale» pendant 2 à 3 heures jusqu'à ce que le punch soit bouillant, ou jusqu'au moment de servir. Bien mélanger, et le verser dans des verres à l'épreuve de la chaleur. Ajouter une tranche de lime et deux morceaux d'ananas par verre.

Punch de grand-mère

Donne 8 portions

Temps de préparation : 5 minutes
Temps de cuisson : 3 à 4 heures
Température de cuisson : «Minimale» et «Maximale»
Mijoteuse de taille régulière ovale ou ronde

750 ml (1¼ chopine) de vin rouge (1 bouteille de 75 cl)
600 ml (1 chopine) d'eau, froide
150 ml (¼ chopine) de rhum foncé
1 sachet de thé «Breakfast Tea»
125 g (4 oz) de sucre semoule
6 bâtonnets de cannelle (pour servir)

1 Préchauffer la mijoteuse, si nécessaire – voir les instructions du fabricant. Verser le vin, l'eau mesurée et le rhum dans le récipient de la mijoteuse. Ajouter le sachet de thé et le sucre, couvrir, et faire cuire à l'allure «Maximale» pendant 1 heure.

2 Brasser le punch, et retirer le sachet de thé. Réduire la chaleur, et faire cuire à l'allure «Minimale» pendant 2 à 3 heures jusqu'à ce qu'il soit bouillant, ou jusqu'au moment de servir.

3 Le mélanger juste avant de servir et le verser dans des verres à l'épreuve de la chaleur. Servir avec un bâtonnet de cannelle pour remuer.

Index

Remerciements

L'auteure voudrait remercier Morphy Richards d'avoir mis à la disposition une variété de mijoteuses de différentes tailles, ainsi que pour la vérification des recettes et les photos de ce livre. Pour plus de renseignements, visitez le site Internet de Morphy Richards, au www.morphyrichards.co.uk, ou écrivez à Morphy Richards : Talbot Road, Mexborough, South Yorkshire, S64 8AJ. Il aimerait également remercier Prima d'avoir mis à sa disposition une variété de mijoteuses pour les photos de ce livre. Pour plus de renseignements, écrivez à Nu-World UK Ltd, Prima : 15 (2D) Springfield Commercial Centre, Bagley Lane, Pudsey, LS 28 5LY.

Directeur de la rédaction : Sarah Ford
Éditeur : Charlotte Wilson
Directeur de la rédaction artistique : Karen Sawyer
Designer : Mirada Harvey
Photographe : Stephen Conroy
Conseillère en économie domestique : Sara Lewis
Accessoiriste : Rachel Jukes
Contrôleur principal de la production : Manjit Sihra

Photographies spéciales :
© Octopus Publishing Group Limited, Stephen Conroy